神様と縁結び

東京&関東

開運神社の御朱印ブック

JN255571

ブルーガイド

はじめに

神社に参拝するときに、ぜひ御朱印も授与していただきたいと願う人が最近はずいぶん増えてきました。神社めぐりの楽しさと御朱印の魅力が相まって、私たちにとって神社がより身近な存在になってきたように感じます。

本書では、関東一都六県にある神社から67社を選び、それぞれに個性のある御朱印をご紹介します。東京、神奈川、千葉、埼玉、茨城、群馬、栃木。一都六県とひとくちに言っても、その広さは相当なもの。鎮座する神社の数も半端ではありません。本書では、15世紀以前に創建された神社のなかから選ばせていただきました。

神様の住まう場所は、決して便利な街中や、人が日常の暮らしを営む場所ではありません。人の入り込めない険しい山、荒波の寄せる岬、海に浮かぶ島こそが、本来の神様の居場所です。由緒ある神社であればこそ、そうした場所を今も聖地として守り続けています。そしてそこには思いがけない古代日本のあり方や、神様の素顔を見つけることもできるのです。

現代的な生活に慣れた私たちにとって、まずはそうした神社にたどり着くまでがたいへん、という場合もあります。しかし、昔の人が長い日程を費やしてお伊勢参りに出掛けたように、神社を訪ねるための準備や、そこに至る道のりも参拝行為のうちと考えてみましょう。その間に心身がしだいに澄んでいき、からっぽの状態で神様に逢うことができます。

昔の人にとって神社詣では行楽でもありました。なかでも江戸から近い大山《おおやま》や江《え》の島《しま》は街道も整備され、訪ねやすかったようです。特に江の島は、芸事の上達を願う女性たちが連れ立って出かけた人気の場所で、浮世絵にもよく登場します。本書でも「江の島・鎌倉」エリアを取り上げ、観光を兼ねて御朱印をいただくという楽しい一日さんぽをご提案しています。神社めぐり初心者でも、きっと気軽に出かけられるでしょう。

神社参拝は小さな旅です。それまで知らなかった土地について知り、人とのささやかなふれ合いに心を癒されます。参拝の証しである御朱印を手にする喜びは、きっとそれらと入り混じったものになるに違いありません。

神社ライター　久能木紀子

神様と縁結び
東京&関東 開運神社の御朱印ブック

目次

第4章
神社と神様の基礎知識
不思議でおもしろく、知るほどに楽しい神様の世界

天照大御神

本書の使いかた

- 神社の名称、祭神の表記は、各社のものに合わせました。同じ祭神でも表記が異なる場合があります。
- 祭神・御利益は主なものを表記しています。
- 各神社のデータに使用した記号は以下を示しています。

…所在地
…電話番号
…最寄り駅からのアクセス

- 本書に掲載した情報は平成29年（2017）10月末日のものです。
- 本書に掲載した御朱印・御朱印帳・お守り・神社の写真はすべて各社より掲載許可をいただいています。

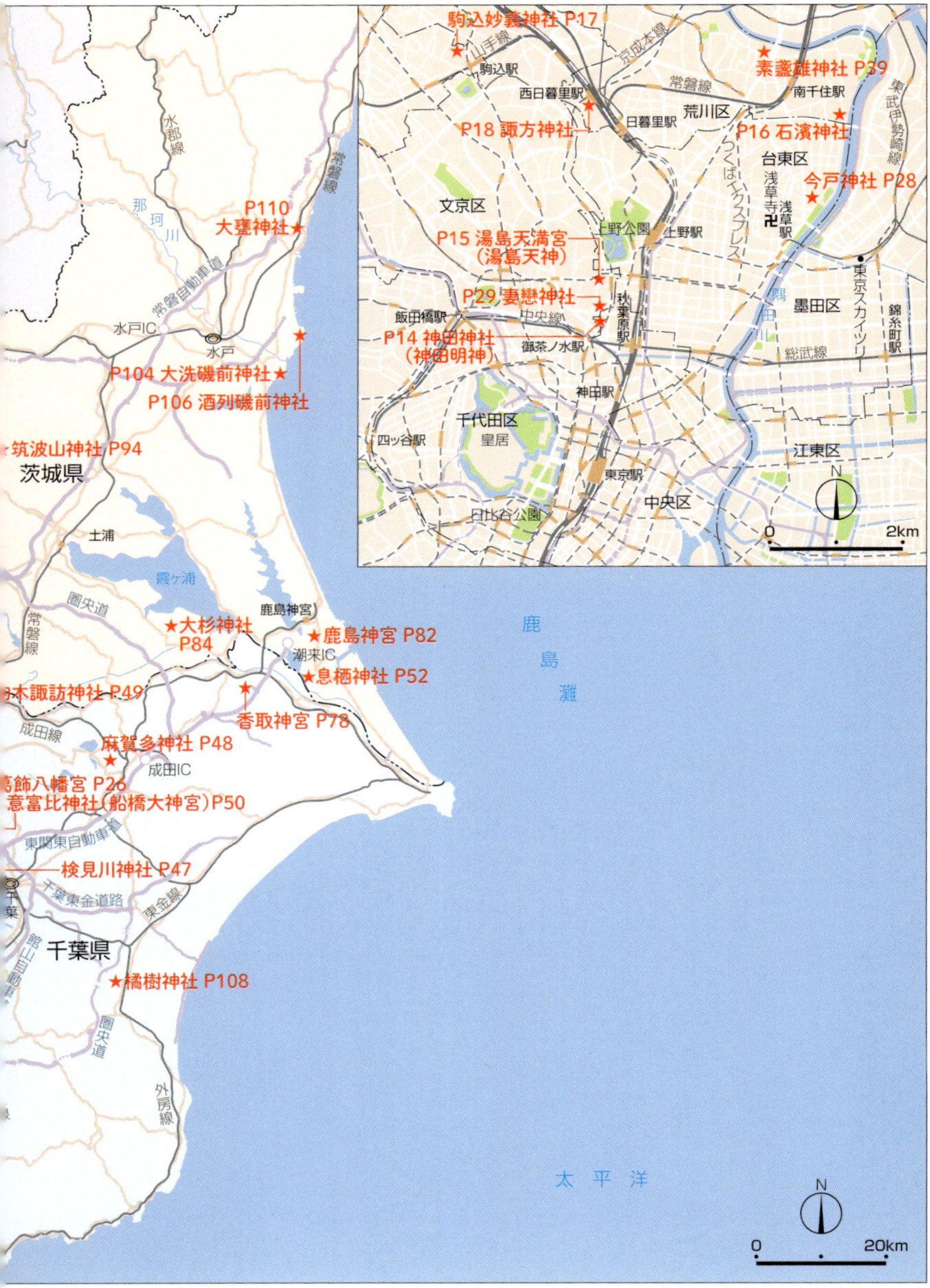
駒込妙義神社 P17
山手線
京成本線
駒込駅
西日暮里駅
P18 諏方神社
日暮里駅
常磐線
荒川区
素盞雄神社 P39
南千住駅
P16 石濱神社
東武伊勢崎線
台東区
浅草寺
浅草駅
今戸神社 P28
つくばエクスプレス
文京区
上野公園
上野駅
P15 湯島天満宮
（湯島天神）
P29 妻戀神社
秋葉原駅
東京スカイツリー
墨田区
錦糸町駅
飯田橋駅
中央線
P14 神田神社
（神田明神）
御茶ノ水駅
隅田川
総武線
神田駅
千代田区
皇居
四ッ谷駅
江東区
東京駅
中央区
日比谷公園
N
0
2km
水郡線
那珂川
常磐線
P110
大甕神社
常磐自動車道
水戸IC
水戸
P104 大洗磯前神社
P106 酒列磯前神社
筑波山神社 P94
茨城県
土浦
霞ヶ浦
圏央道
常磐線
鹿島神宮
大杉神社
P84
鹿島神宮 P82
潮来IC
息栖神社 P52
木諏訪神社 P49
香取神宮 P78
鹿島灘
成田線
麻賀多神社 P48
成田IC
飾八幡宮 P26
意富比神社（船橋大神宮）P50
東関東自動車道
検見川神社 P47
千葉
千葉東金道路
東金線
館山自動車道
千葉県
橘樹神社 P108
圏央道
外房線
太平洋
N
0
20km

索引地図

★日光二荒山神社 P86
栃木県
P38 大前神社
群馬県
二宮赤城神社 P98
P37 大神神社
P100 太平山神社★
P96 妙義神社★
P36 一之宮貫前神社★
P57
大宝八幡宮★
P92 金鑚神社★
★髙城神社 P34
鷲宮神社★
P56
P88 寶登山神社★
長野県
埼玉県
P27 秩父神社★
P35 一言主神社★
P80 武蔵一宮 氷川神社
P33 川越氷川神社
P30 櫻木神社★
P32 川越八幡宮
★氷川女體神社 P31
P90 三峯神社★
王子稲荷神社 P55
P51 鎮守氷川神社
P41 沼袋氷川神社
P44 武蔵御嶽神社
P19
東京都
山梨県
P43 武蔵阿蘇神社
P22 二宮神社
花園神社
P54
P42 小野神社
P21 井草八幡宮
鳥森神社 P53
★磐井神社 P40
新田神社 P20
P25 比々多神社
P76 大山阿夫利神社
神奈川県
師岡熊野神社 P23
★寒川神社 P45
鶴岡八幡宮 P74
静岡県
★森戸大明神(森戸神社) P102
P46 平塚八幡宮
P24 前鳥神社
御霊神社 P73
銭洗弁財天宇賀福神社 P71
小動神社 P71
江島神社 P71
沼田
上越線
関越自動車道
吾妻線
上越新幹線
前橋IC
前橋
桐生
北陸新幹線
軽井沢
松井田妙義IC
高崎
信越線
足利
小山
両毛線
北関東自動車道
水戸線
利根川
上信越自動車道
高崎線
花園IC
熊谷
荒川
関越自動車道
八高線
小海線
日光宇都宮道路
東北自動車道
宇都宮IC
日光線
宇都宮
東北線
東北新幹線
鬼怒川
大宮
川越線
さいたま
圏央道
青梅線
奥多摩湖
あきる野IC
八王子IC
八王子
武蔵野線
中央線
新宿
上野
東京
甲府
笛吹川
中央自動車道
南武線
第三京浜
横浜線
相模川
相模線
河口湖
西湖
精進湖
本栖湖
山中湖
東富士五湖道路
横浜町田IC
川崎
横浜
東京湾
東京湾アクアライン
厚木IC
東名高速道路
身延線
富士川
御殿場IC
御殿場線
芦ノ湖
小田原
小田原厚木道路
東海道線
木更津
沼津IC
沼津
新東名高速道路
東海道新幹線
駿河湾
相模湾

神社の御朱印の見かた

神社の御朱印のはじまりは

御朱印はもともとお寺ではじまり、写経を納めた証としていただくものでした。やがて庶民の間で神社を参拝することが日常的になると、参拝の印として神社でも授与されるようになりました。

朱印は、戦国武将たちが自分の書いた書状に朱《あか》い印を押して自筆の証明とした「朱印状」を由来とします。朱印入りの書は重要な書であることから、御朱印も神社によっては宮司《ぐうじ》様だけにしか書いていただけないところもあります。

御朱印には何が書かれているの

御朱印は、「墨書《ぼくしょ》」と「押し印」の二つで成り立っています。一般的に、墨書では右に「奉拝」の文字、真ん中に神社名、左に参拝日などを書いていただけます。

押し印とは、神社印や社務所印、社紋（神紋とも）をかたどった印のことです。社紋は、それぞれの神様の降臨の由来や、関わりの深い神使《しんし》や植物などをモチーフとして作られています。神霊のシンボルとされる「三《み》つ巴《どもえ》」は多くの神社の社紋となっています。

御朱印が導く神様とのご縁

御朱印は参拝をしたしるしとして授与されます。いただく前にまずは本殿の神様を参拝することを忘れないようにしましょう。

御朱印をいただくことだけに意識が行きがちですが、御朱印集めが目的になってしまっては本末転倒です。

一筆ずつ心を込めて書いていただいた御朱印は、いわば神様の分霊。ご縁をいただいた神様を祀るのと同じ気持ちで、持ち帰ったあとは神棚や、専用の箱などに保管しましょう。

御朱印の基本スタイル

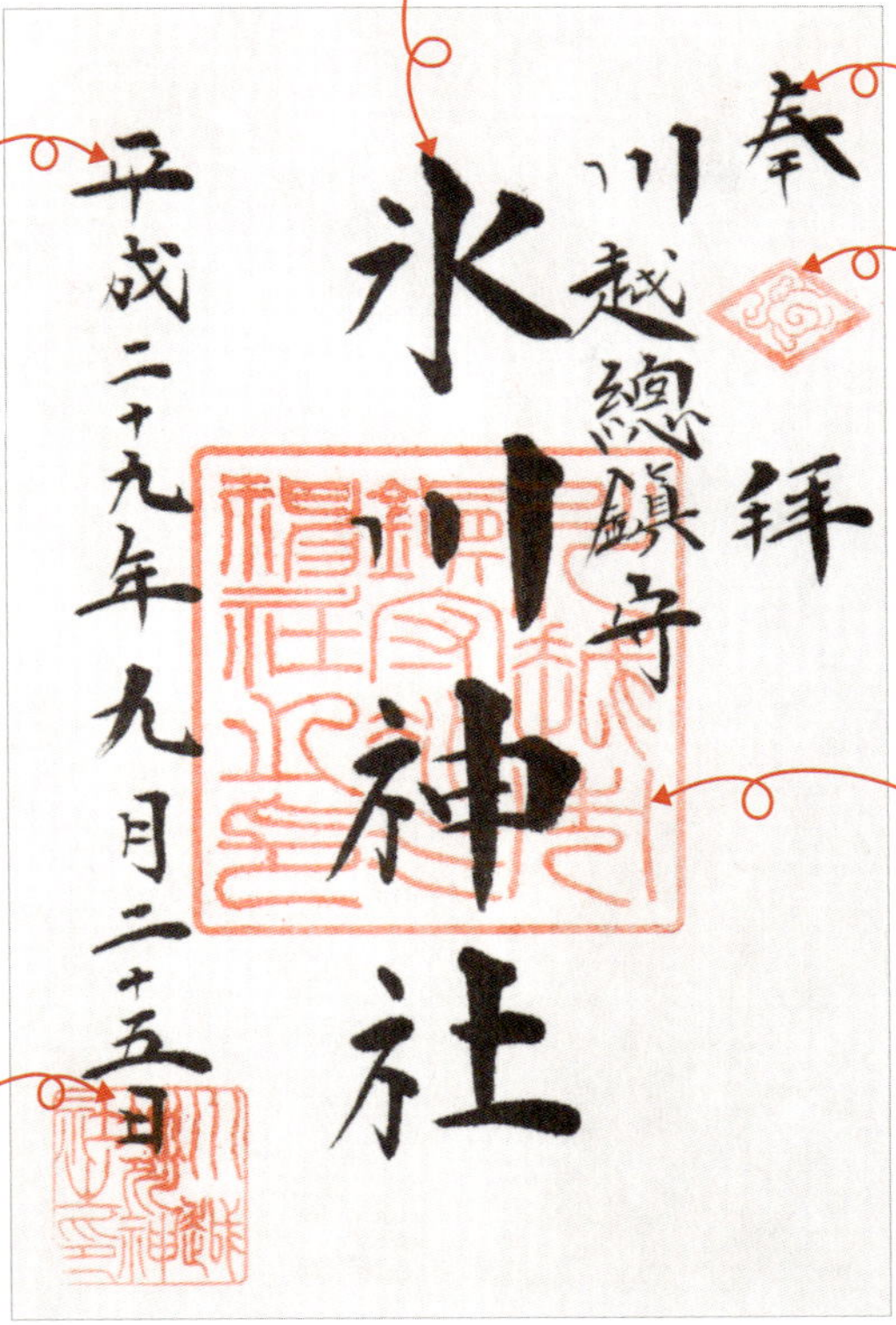

神社名
ここに手書きの神社名が書かれます。美しい文字に感激

奉拝の文字
「奉拝」とは「つつしんで拝します」の意

日付
参拝者には日付も大切な記念になります

社紋
神社のシンボルマーク「社紋」は上部に押されます

神社印
中央に神社名を刻した、大きな朱印が押されます

社務所印
御朱印を授与したというしるしに押されます

いろいろな社紋

雲

氷川女體神社
▶P31

三つ巴・菊

葛飾八幡宮
▶P26

丸に三つ引両

比々多神社
▶P25

八咫烏

師岡熊野神社
▶P23

梶の葉

諏方神社
▶P18

神社の参拝のしかた・御朱印のいただきかた

1 鳥居をくぐり神域へ

鳥居は神社の玄関にあたります。よその家を訪れたときと同じように、まず一礼をしてからくぐりましょう。帰るときも同様です。

参道の中央は正中《せいちゅう》という神様の通り道なので、できれば左右に寄って歩き、やむを得ず横切るときは、本殿に顔を向けて軽く一礼するようにします。

マナー

- 鳥居の前で一礼してから境内へ
- 参道を横切るときも軽く一礼

2 手水舎《ちょうずや》で身を清める

手水を使うことは、神様の前に出るときに身の穢《けが》れを清めることと同じ意味があります。

次の手順を柄杓《ひしゃく》一杯の水でおこないます。

柄杓に水を汲む↓左手を洗う↓右手を洗う↓左手に水を受け、口をすすぐ↓再度左手を洗う↓残った水を柄杓の柄に流して清める

マナー

- 「清め」となるので忘れずに！
- 柄杓に直接口をつけないこと

聖地の目印だった鳥居

境内の入り口に立ち、神社のシンボルとされるのが鳥居です。地図に描かれる神社のマークも鳥居の形ですね。鳥居は社殿というものができる以前から、神が降臨した聖地の目印として建てられていました。基本は2本の柱に横木を渡した形ですが、種類はさまざまで60以上あるとも。柱は神の依代《よりしろ》、鳥居という名は鳥が神の使いであることからきているのかもしれません。

▲大きな鳥居を見上げると、聖域に入る緊張感に身が引き締まる（写真は鹿島神宮）

拝礼のしかた

二拝

二拍手

一拝

3 拝殿前で拝礼する

拝殿前に進み、鈴があれば3回ほど鳴らし、お賽銭《さいせん》を納めます。拝礼は「二拝二拍手一拝」が基本です。できれば、拍手と祈念のときは、右手を左手より少し下げて合わせます。これは左が霊を表し、右が体を表すという「霊主体従」の思想で、神様に敬意を表すものです。

マナー
- お賽銭は遠くから投げないこと
- 退くときも、お尻を向けないように

4 社務所で御朱印をいただく

必ず参拝をすませてから、社務所か授与所で「御朱印をお願いします」と挨拶します。持参した御朱印帳があれば開いて手渡します。受け取るときは「ありがとうございます」とお礼を言い、初穂料《はつほりょう》（P12）を納めます。御朱印や初穂料を渡したり受け取るときは、なるべく両手で。

マナー
- 御朱印を書いていただいている間は絶対に話しかけないこと

御祭神は拝殿の奥の本殿に

▲混雑しているときは、祈願している人の邪魔にならないように並ぼう（写真は大前神社）

神社で参拝するときは社殿に向かって手を合わせますが、私たちが直接面しているのは拝殿で、御祭神はその奥の本殿（神殿）に鎮座しています。拝殿は拝礼や祭祀をするための建物で、本殿とつながっている場合もあれば、別の建物になっている場合もあります。拝殿に上がって神様を拝すのが本来の昇殿参拝で、私たちがふだん行っているのは略式です。

これだけは守りたい

御朱印拝受のマナー

境内では心静かに過ごす

鳥居をくぐったら、そこからは神様の住まう領域。大きな声で話をしたり、音楽などを鳴らしたりするのは厳禁です。

御朱印をいただくのは参拝のあとで

まず拝殿前で神様にご挨拶して、訪問できたことを感謝し、願い事などをします。御朱印はそうしたのちに、神様の御分霊をいただくものです。

御朱印は二つと同じものはない

直筆で書かれる御朱印は、一枚ずつ異なっています。それもまたひとつの魅力です。

＊宮司様が不在のときは、書き置きの御朱印を授与される場合もあります。

御朱印帳を持参する

御朱印帳に書いていただけば、大切な御朱印を破損せずにすみます。ノートや手帳などに書いていただくことはできませんので念のため。

あらかじめ小銭を用意しておく

御朱印を書いていただいたお礼に渡す金銭のことを「初穂料」といいます。この呼び名は、神社に初穂（その年最初に収穫した農産物）を納めていたころの名残です。御朱印帳やお守りなどの価格も「初穂料」と称します。

御朱印と御朱印帳は大切に扱う

御朱印はお札《ふだ》やお守りと同じもの。神様の御分霊として扱ってください。御朱印帳は、神棚や清潔な棚などに納めます。一枚ずつの御朱印は専用の引き出しなどにしまいましょう。

第1章

その歴史は数百年以上。
由緒ある神社の、趣深い御朱印52

御利益別

古社の御朱印セレクション

仕事運・勝運・学業成就

人生の岐路に立ったとき力を授かりましょう

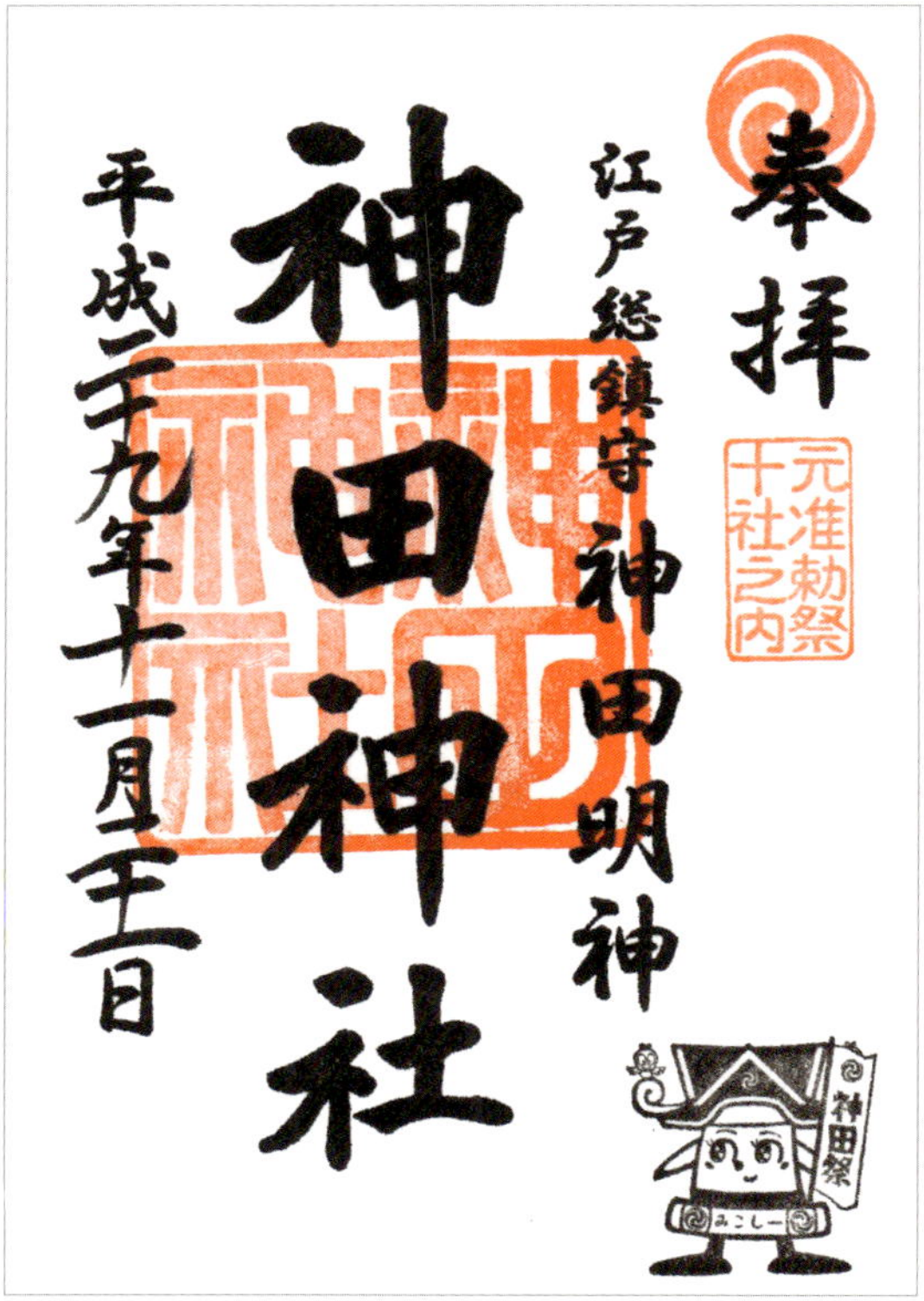

江戸の守護神らしい質実剛健な筆致

- 右の字…奉拝
- 右の印…社紋・元准勅祭十社之内
- 右下の印…みこしー
- 中央の字…江戸総鎮守神田明神・神田神社
- 中央の印…神田神社

神田神社《かんだじんじゃ》

東京都千代田区 地図P6

「神田明神」と呼んだほうが通りがいい、江戸の総鎮守です。天平《てんぴょう》2年（730）に現在の将門塚《まさかどづか》周辺（千代田区大手町）に創建。その後、江戸時代初期に江戸城の表鬼門《おもてきもん》守護として現在地に遷座しました。

江戸幕府はもちろん庶民からも篤い崇敬を集め、今もその人気は変わりません。

神田、日本橋、秋葉原、大手町、丸の内など108の氏子町内を挙げて盛大におこなわれる「神田《かんだ》祭《まつり》」は、江戸三大祭の一つに数えられています。

御祭神 大己貴命・少彦名命・平将門命
御利益 縁結び・厄除け・健康・勝負運

東京都千代田区外神田2-16-2　03-3254-0753
JR・地下鉄御茶ノ水駅または地下鉄新御茶ノ水駅からいずれも徒歩5分　＊御朱印300円／9時～16時／神札授与所で授与

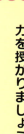

文字も押し印も流麗でどこか艶めいている

●右の字…奉拝
●中央の字…湯島天満宮
●中央の印…湯島天満宮印

湯島天満宮《ゆしまてんまんぐう》

東京都文京区　地図P6

「湯島天神」の名で知られる学問の神様です。受験シーズンには合格祈願の絵馬が境内を埋め尽くし、その様子は東京の風物詩となっています。雄略《ゆうりゃく》天皇2年（458）の創建と伝える由緒ある神社で、正平《しょうへい》10年（1355）に菅原道真《すがわらのみちざね》公を合祀しました。

天神様といえば、梅。境内には白梅を中心に約300本の梅の木があります。見ごろを迎える2月上旬から3月上旬には「梅まつり」が開催され、多くの人出でにぎわいます。

⛩御祭神　天之手力雄命・菅原道真公
⛩御利益　学業成就・厄除け・健康

東京都文京区湯島3-30-1　03-3836-0753
東京メトロ千代田線湯島駅から徒歩２分
＊御朱印300円／9時～19時30分／社務所で授与

今は荒川区だが浅草と深いつながりを示す印

- 右の字…奉拝
- 右上の印…天照皇大神
- 右下の印…浅草地方橋場町鎮座
- 中央の字…石濱神社
- 中央の印…石濱神社

石濱神社《いしはまじんじゃ》

東京都荒川区 地図P6

神亀《じんき》元年（724）に鎮座。弘安《こうあん》4年（1281）の元寇《げんこう》の際には、鎌倉将軍家より必勝祈念の奉幣を受けるなど、中世には勝運の神様として関東の武将から信仰されました。江戸後期には庶民に親しまれ、『江戸名所図会』などににぎわう様子が描かれています。

浅草《あさくさ》名所《などころ》七福神の一つ、寿老神《じゅろうじん》をお祀りしています。

◀浅草名所七福神もうでの御朱印には寿老神の神使・鹿の姿も

⛩御祭神　天照大御神・豊受大御神
⛩御利益　勝運・豊漁・豊作・厄除け

東京都荒川区南千住3-28-58　03-3801-6425
JR常磐線・東京メトロ日比谷線・つくばエクスプレス南千住駅から徒歩15分
＊御朱印300円／ 9時～ 16時／社務所で授与

飾らない無骨な文字と太田道灌公の朱印

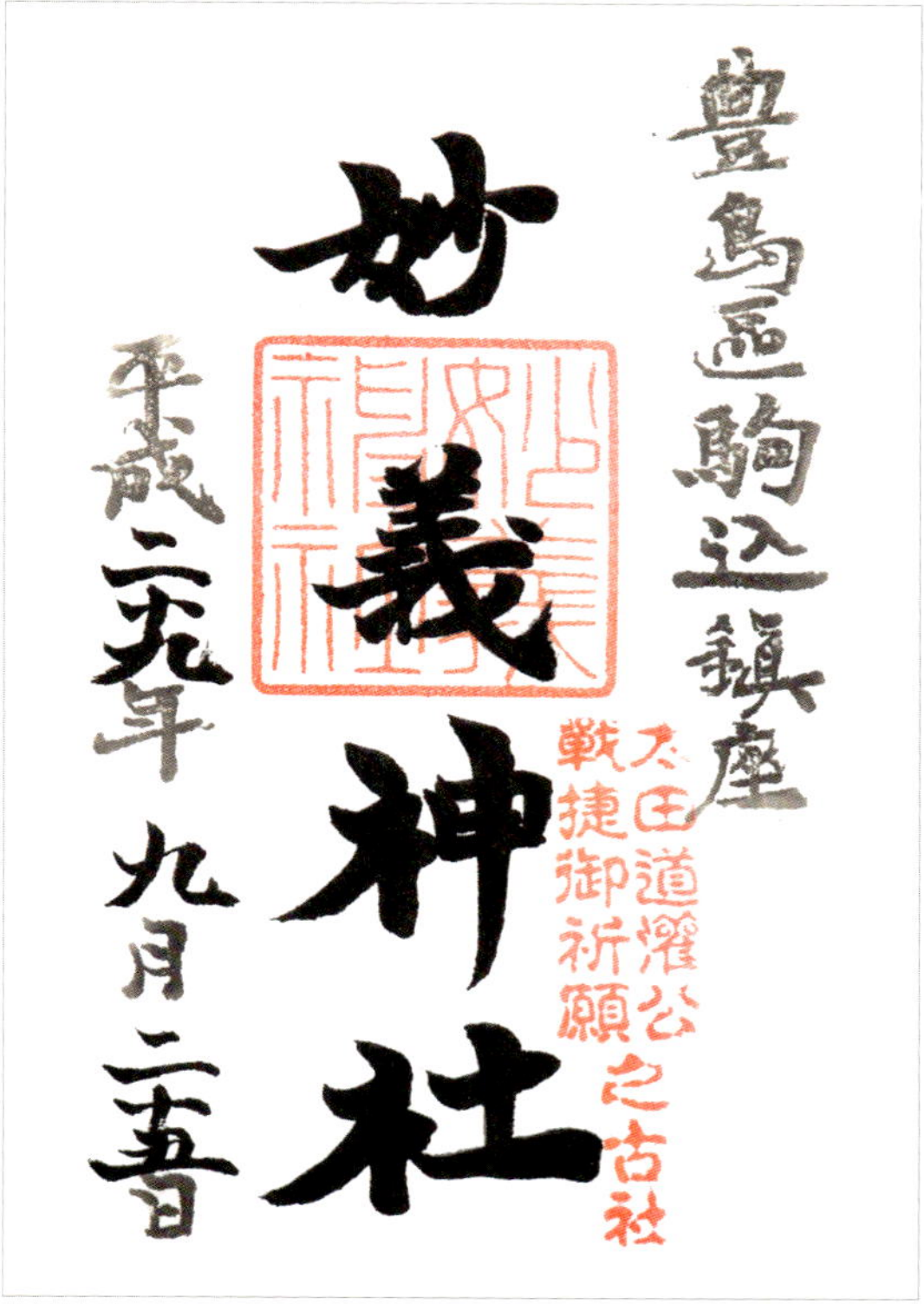

● 右上の字…豊島区駒込鎮座
● 右下の印…太田道灌公・戦捷御祈願之古社
● 中央の字…妙義神社
● 中央下の印…妙義神社

駒込妙義神社《こまごめみょうぎじんじゃ》

東京都豊島区 地図P6

豊島区最古の神社で、桜の名所としても知られています。日本武尊《やまとたけるのみこと》が当時東国にいた蝦夷《えぞ》を討つために遠征した際、当社がある場所に陣を構えたと伝えられています。また、太田道灌《おおたどうかん》も三度の合戦の前に参詣し、いずれも勝利を収めました。

「勝負の神様」として信仰を集めてきた一方で、最近では必勝祈願に加えて、恋愛成就の祈願も多いそうです。

社殿は節目の年である平成30年8月に建て替え、境内も戦災前の姿に戻ります。

⛩御祭神　日本武尊・高御産霊神・神功皇后・応神天皇　**⛩御利益**　勝負運・縁結び

東京都豊島区駒込3-16-16　03-3917-1938
JR山手線駒込駅から徒歩4分
＊御朱印初穂料は志納／8時～17時／社務所で授与（宮司のご自宅のため時間厳守。不在の場合も）

古来、社名や古文書などに見られる「諏方」の文字

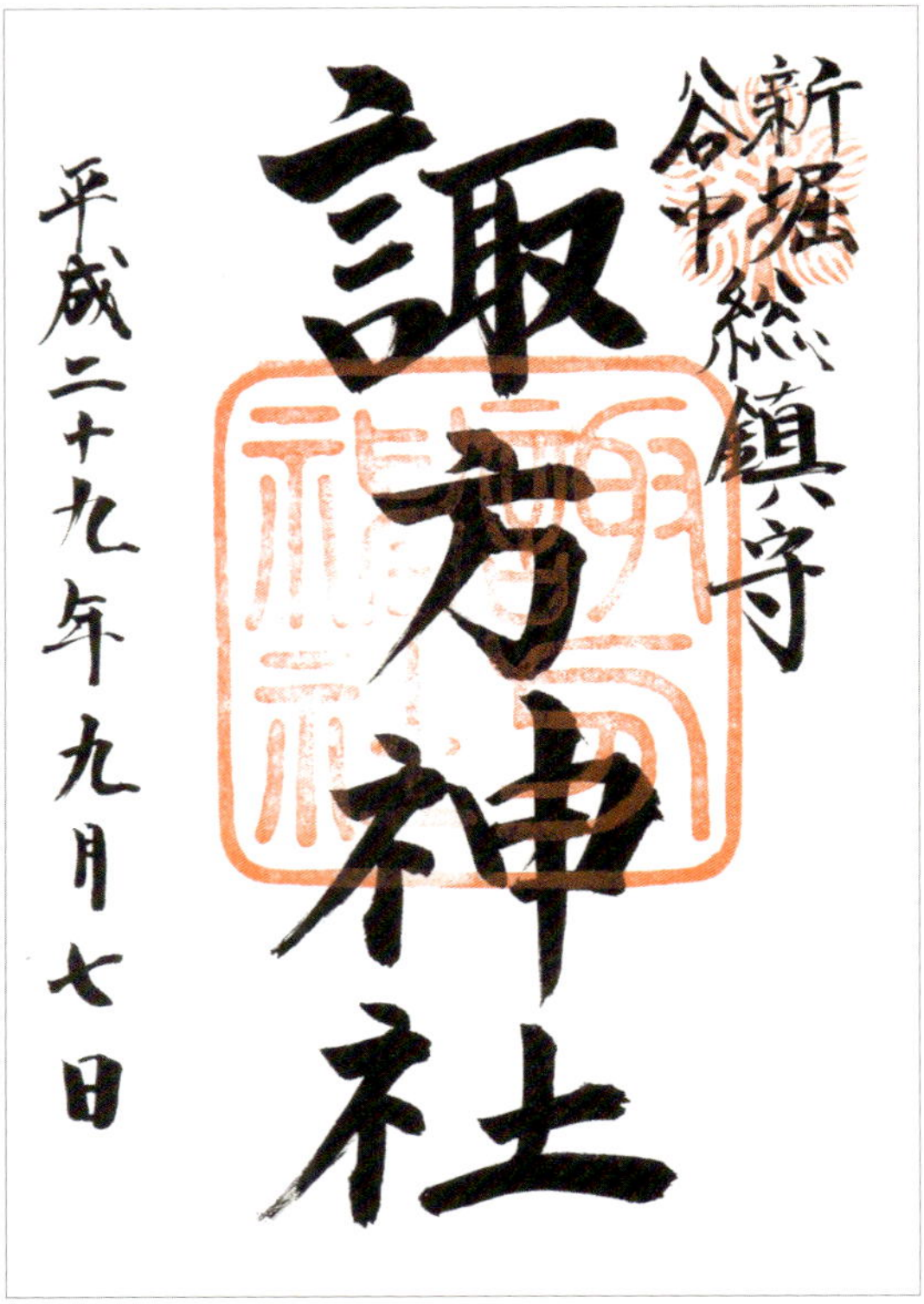

- 右の字…新堀・谷中・総鎮守
- 右の印…社紋（梶の葉）
- 中央の字…諏方神社
- 中央の印…諏方神社

諏方神社《すわじんじゃ》

東京都荒川区 地図P6

西日暮里《にしにっぽり》駅南の高台に鎮座しています。元久《げんきゅう》2年（1205）に創建。その後江戸時代に神領を賜り、日暮里（新堀）、谷中《やなか》の総鎮守として信仰を集めてきました。社名の「諏方」は、所蔵する元禄時代の掛け軸などに「諏方大明神」と書かれていることに由来します。

初詣に対応する夏詣の特別御朱印を7月に授与しています。

◀6月30日の大祓いの後に授与される夏詣の特別御朱印

御祭神 建御名方命
御利益 勝運・災厄除け・病魔退散

荒川区西日暮里3-4-8　03-3821-4275
JR山手線・京浜東北線・東京メトロ千代田線西日暮里駅から徒歩3分
＊御朱印300円／9時～17時／社務所で授与

3色の押し印と亀の姿がかわいらしい

- 右の字…奉拝
- 右上と左下の印…流れ星
- 右下の印…亀
- 中央の字…香取神社
- 中央の印…葛飾・香取神社・亀有
- 左上の印…笹と短冊
- 左下の印…亀有香取神社社務所印

亀有香取神社《かめありかとりじんじゃ》

東京都葛飾区　地図P7

建治《けんじ》2年（1276）に香取、鹿島《かしま》、息栖《いきす》の三大神をお迎えして村の鎮守としてお祀りし、東国三社明神の社として発展しました。武神である経津主大神《ふつぬしのおおかみ》と武甕槌大神《たけみかづちのおおかみ》の二柱は勝負・開運厄除けの神様として、道を導く岐大神《くなどのおおかみ》は足腰健康の神様として、いずれも篤く信仰されています。

上は7月に授与される七夕限定の御朱印です。

◀通常の御朱印は亀が2匹

◀境内には『こち亀』の主人公・両さんの銅像が

⛩御祭神　経津主大神・武甕槌大神・岐大神
⛩御利益　勝負・スポーツ振興・足腰健康

東京都葛飾区亀有3-42-24　03-3601-1418
JR常磐線亀有駅から徒歩5分
御朱印500円／9時～17時／社務所で授与

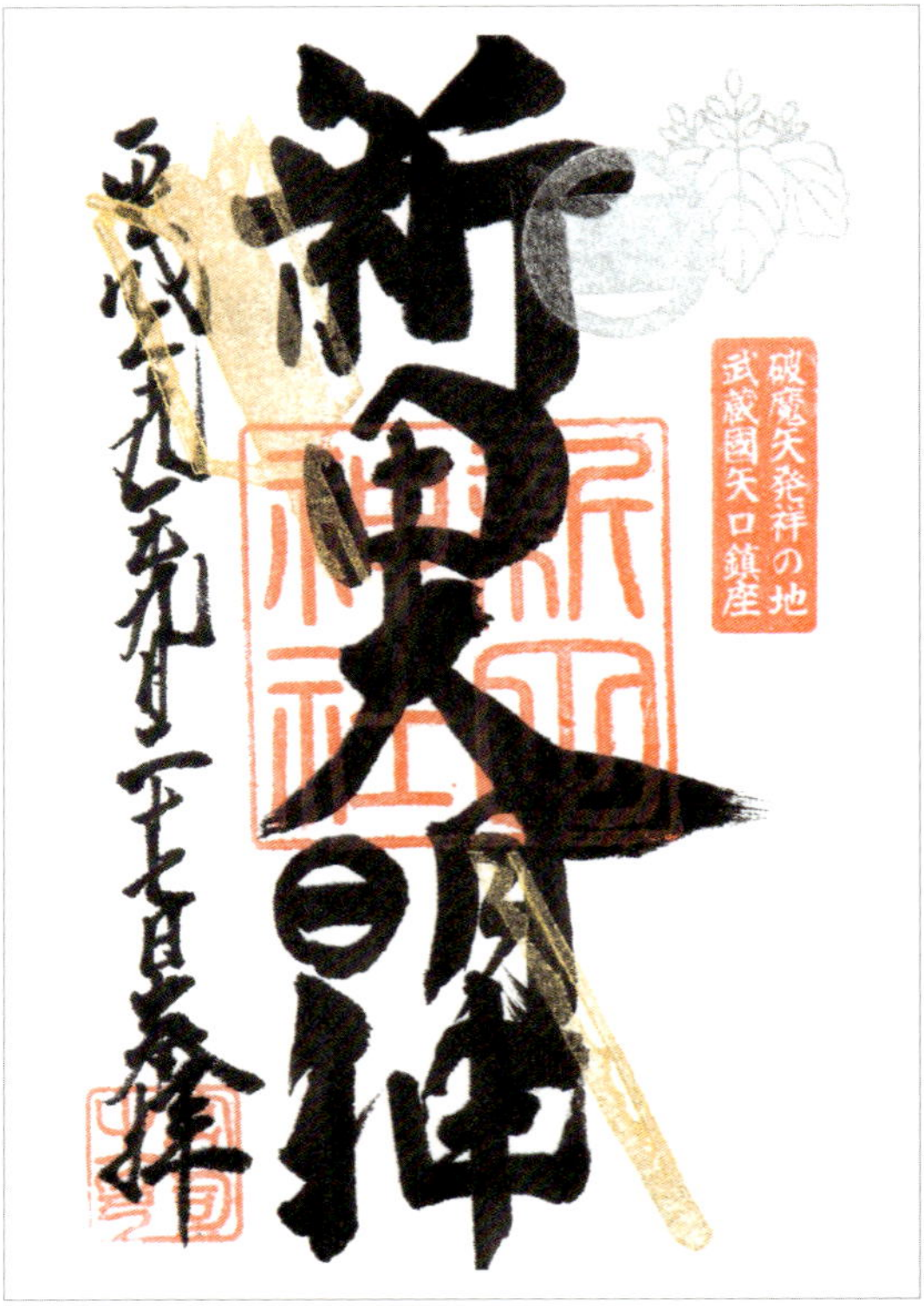

太く力強い文字を破魔矢が貫く

- 右上の印…新田家裏家紋（桐紋）・家紋（大中黒 新田一つ引）
- 右の印…破魔矢発祥の地・武蔵国矢口鎮座
- 中央の字…新田大明神
- 中央の印…破魔矢・新田神社
- 左下の印…宮司之印

新田神社《にったじんじゃ》

東京都大田区 地図P7

南北朝時代、鎌倉奪還のため挙兵するも多摩川の「矢口《やぐち》の渡《わたし》」で謀殺された東国の武将・新《にっ》田《た》義興《よしおき》の霊を鎮めるため、墳墓を築いて社祠を建て、「新田大明神」として祀ったのが起こりです。

拝殿の背後にある御塚《おつか》は義興公を埋葬したと伝わる円墳で、源氏の白旗を立てたものが根付いたという篠竹が生えています。江戸時代、平賀源内《ひらがげんない》はこの竹で厄除招福・邪気退散の「矢守《やまもり》」を作り、これが破魔矢《はまや》の元祖と伝えられています。

▲破魔矢発祥の地らしい強運守（初穂料700円）

御祭神 贈従三位左兵衞佐源朝臣・新田義興公
御利益 家運隆盛・厄除招福・必勝開運

東京都大田区矢口1-21-23　03-3758-1397
東急多摩川線武蔵新田駅から徒歩3分
＊御朱印 300円／ 9時～ 17時／社務所で授与

遅野井の湧水伝説に思いを馳せて

●右の字…杉並区遅野井鎮座
●中央の字…井草八幡宮
●中央の印…井草八幡宮

井草八幡宮《いぐさはちまんぐう》

東京都杉並区　地図P7

善福寺《ぜんぷくじ》川に近く、鬱蒼《うっそう》とした緑に囲まれた境内は約1万坪と、都内でも有数の広さです。戦勝祈願に訪れた源頼朝《みなもとのよりとも》の一行は折からの干ばつで飲み水に困り、頼朝自ら弓で地面に穴を穿《うが》ち、七度目でようやく湧き出した水に「遅野《おその》井《い》」と名付けました。この井水が善福寺池の源泉となり、当地の古名になったといいます。

武運の神として武将の信仰を集め、東参道を馬場として5年に一度おこなわれる流鏑馬《やぶさめ》神事はその名残を伝えています。

⛩御祭神　八幡大神（応神天皇）
⛩御利益　勝負運・厄除け

東京都杉並区善福寺1-33-1　03-3399-8133
JR中央線荻窪駅北口からバス10分、井草八幡宮下車、徒歩1分
＊御朱印500円／9時～16時ごろ／授与所で授与

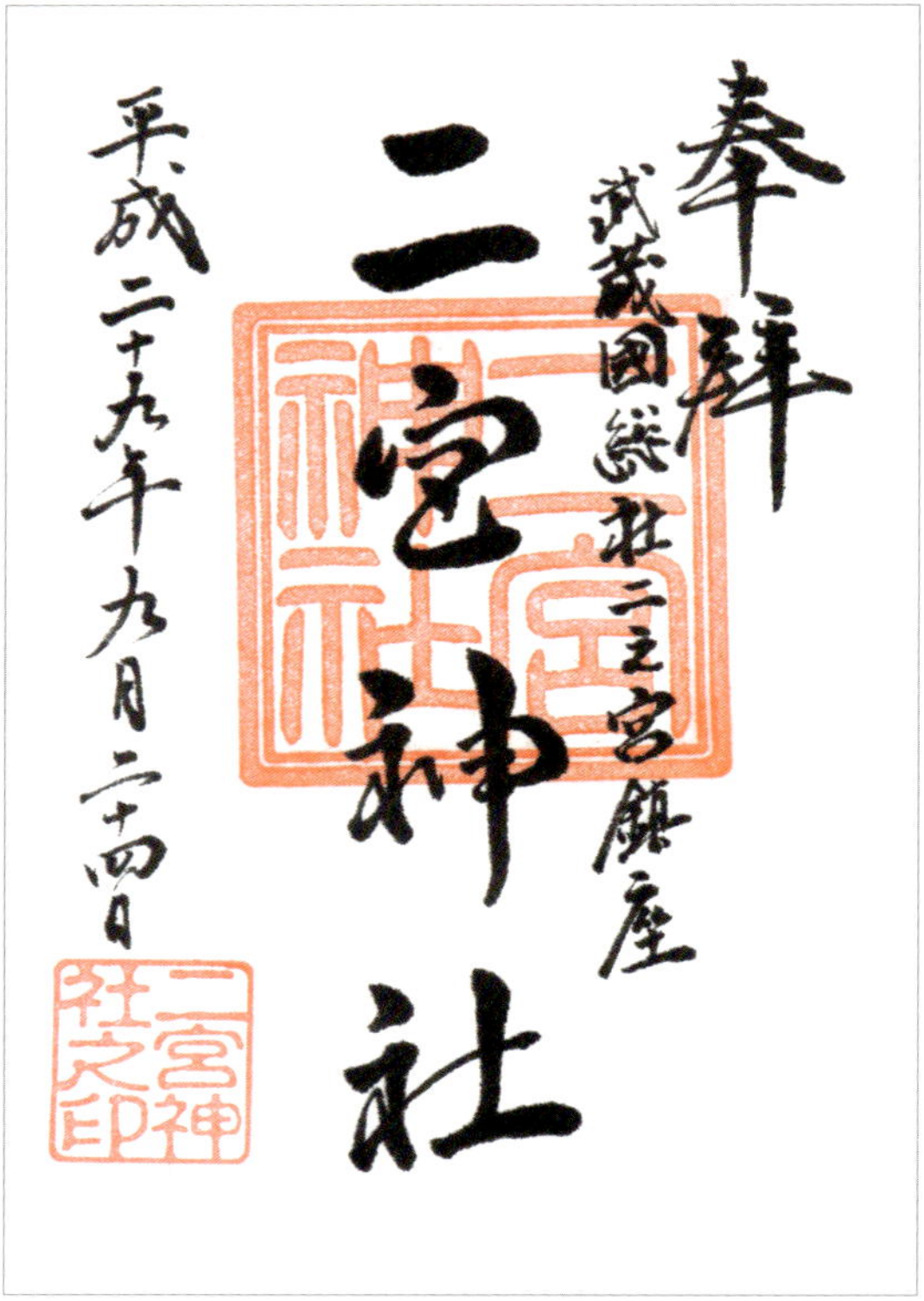

柔らかい筆遣いに
ホッと心がなごむ

● 右の字…奉拝
● 中央の字…武蔵国総社二之宮鎮座・二宮神社
● 中央の印…二宮神社
● 左下の印…二宮神社之印

東京都あきる野市 地図P7

二宮神社《にのみやじんじゃ》

のどかな風景の中にある古社。江戸時代初期に造営された本殿は、市の有形文化財に指定されています。武蔵六所宮《むさしろくしょぐう》のうちの一つで、平将《たいらのまさ》門《かど》を討った藤原秀郷《ふじわらのひでさと》が戦勝を祈願したとされ、その後、源頼朝や北《ほう》条氏政《じょううじまさ》の崇敬を受けました。

毎年9月9日の例大祭は、神饌《しんせん》として生姜を奉納する「しょうが祭」。参道には生姜を売る露店が立ち並び、にぎわいます。二宮神社の生姜を食べると無病息災の御利益があると伝えられています。

▲境内末社の荒波々伎《あらはばき》神社は足神様。お守りにはわらじが（初穂料500円）

⛩御祭神　国常立尊
⛩御利益　開運・無病息災・商売繁盛

東京都あきる野市2252　042-558-5636
JR五日市線東秋留駅から徒歩3分
＊ 御朱印300円／10時～15時（月2回の日曜のみ）／社務所で授与／日程は月初めに社務所に掲示される

幸運へと導く
八咫烏の御朱印

●右の字…奉拝・神威顕著
●右上の印…関東随一大霊験所
●中央の字…師岡熊野神社
●中央上の印…社紋（三つ足烏紋）
●中央下の印…師岡熊野神社

師岡熊野神社《もろおかくまのじんじゃ》

神奈川県横浜市 地図P7

和歌山県熊野三社（本宮《ほんぐう》・那智《なち》・速玉《はやたま》）の祭神と御一体であり、光考《こうこう》天皇より「関東随一大霊験所熊杢宮」の勅額《ちょくがく》を賜った由緒ある神社です。

社紋は3本の足を持った「八咫烏《やたがらす》」。東征する神武《じんむ》天皇を導くために熊野本宮より遣わされた神使で、夜明けを呼ぶ鳥、太陽を招く鳥として信仰されてきました。

「八咫」は大きく広いという意味。サッカー日本代表チームのエンブレムにも使われ、多くのサッカー関係者が必勝祈願に訪れています。

御祭神　伊邪那美尊・事解之男命・速玉之男命
御利益　勝負運・仕事運・商売繁盛

神奈川県横浜市師岡町1137　045-531-0150
東急東横線大倉山駅から徒歩8分
＊御朱印初穂料は支納／8時30分～17時ごろ／社務所で授与

シンプルで上品な筆致に心惹かれる

●右の字…奉拝
●中央の字…相模國四之宮・前鳥神社
●中央の印…前鳥神社

前鳥神社《さきとりじんじゃ》

神奈川県平塚市 地図P7

相模国《さがみのくに》四之宮で、応神《おうじん》天皇の皇太子・菟道《うぢのわき》稚郎子命《いらつこのみこと》（前鳥大神《さきとりおおかみ》）をお祀りしている貴重な神社です。菟道稚郎子命は、論語や千字文《せんじもん》（1000の異なる文字で書かれた漢文の長詩）などの漢籍をわが国で初めて学んだといわれる学問の神様です。

境内には、百済《くだら》の王子・阿直岐《あちき》、論語や千字文を伝えたとされる王仁《わに》、菅原道真公を祀る奨学神社《しょうがくじんじゃ》も鎮座します。

社務所では合格守、学業成就守のほか就職願いの「就勝守《しゅうかつまもり》」も授与しています。

御祭神 菟道稚郎子命・大山咋命・日本武尊
御利益 学業成就・受験合格・就職成就

神奈川県平塚市四之宮4-14-26 0463-55-1195 JR東海道線平塚駅からバス10分、前鳥神社前下車、徒歩3分 御朱印300円／8時～17時30分ごろ／社務所で授与

力強い墨書きと三之宮を示す社印

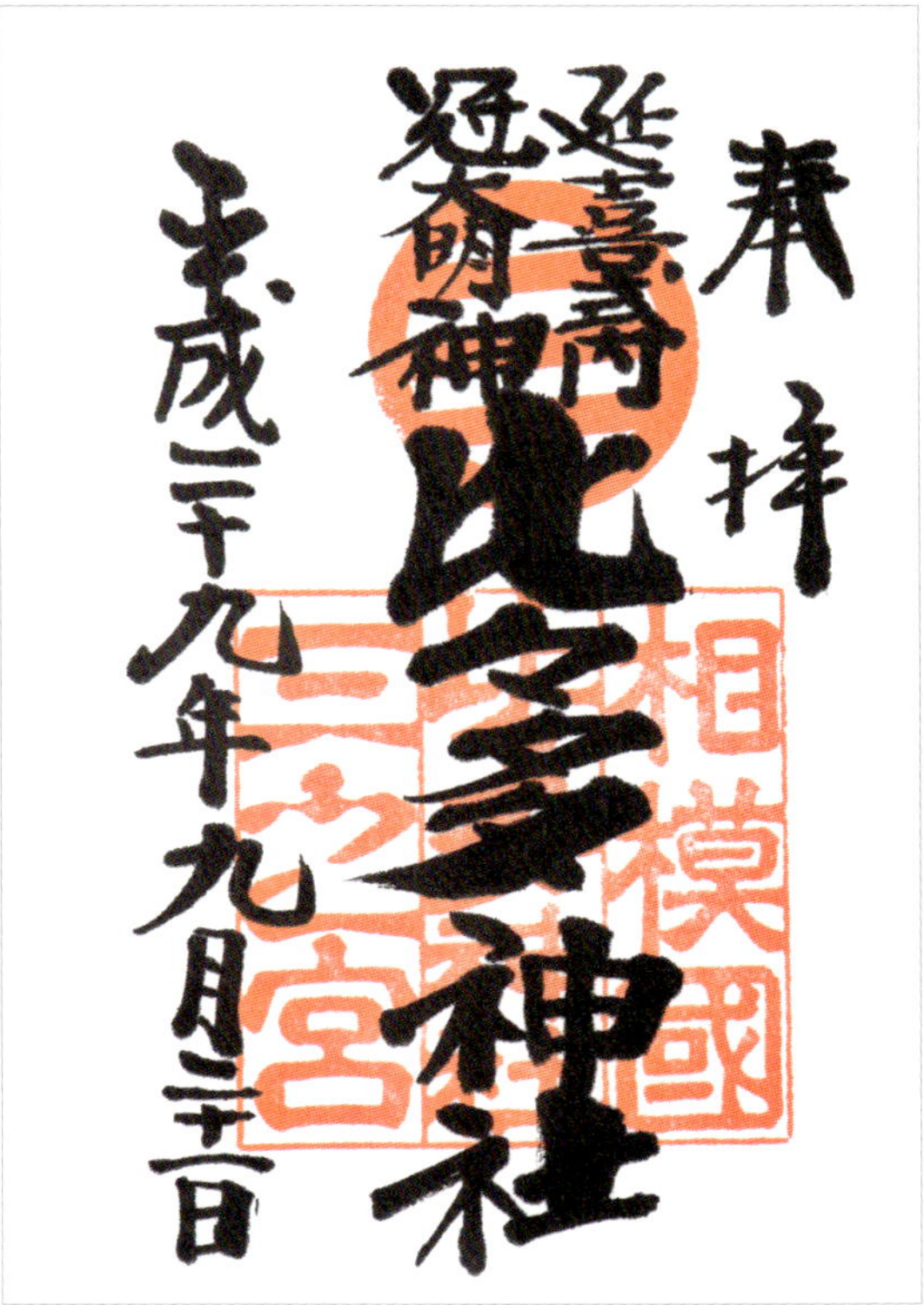

- 右の字…奉拝
- 中央の字…延喜式内・冠大明神・比々多神社
- 中央上の印…社紋（丸に三つ引両）
- 中央下の印…相模國・比々多神社・三之宮

神奈川県伊勢原市 地図P7

比々多神社《ひびたじんじゃ》

神武天皇6年、大山《おおやま》を神体山《しんたいざん》として国土創造の神様・豊斟淳尊《とよくむぬのみこと》をお祀りしたことに始まると伝わる、相模国三之宮です。古くから祭祀がおこなわれた土地に立ち、360基もの古墳が昭和初期に確認されました。境内には出土品などを展示する三之宮郷土博物館があります。

源頼朝は妻・政子《まさこ》が実朝《さねとも》を出産する際に安産を願って神馬《しんめ》を奉納し、徳川歴代将軍は神領を寄進するなど、事始めの神様として古くから信仰を集めました。

御祭神　豊斟淳尊・天明玉命・稚日女尊・日本武尊
御利益　事始め成就・商売繁盛（特に酒類業）・子宝

神奈川県伊勢原市三ノ宮1472　0463-95-3237
小田急線伊勢原駅からバス12分、比々多神社下車すぐ　御朱印300円／8時30分～16時30分／社務所で授与

武運長久を思わせる力強い御朱印

- 右の字…奉拝
- 右上の印…社紋（三つ巴と菊）
- 中央文字…葛飾八幡宮
- 中央の印…葛飾八幡宮

葛飾八幡宮《かつしかはちまんぐう》

千葉県市川市 地図P7

9世紀末ごろ、宇多《うだ》天皇の勅願により京都の石清水八幡宮《いわしみずはちまんぐう》を勧請して創建しました。下総国《しもうさのくに》総鎮守として武家の崇敬は篤く、源頼朝や徳川《とくがわ》家康《いえやす》が改築・寄進などをおこなったと伝わっています。

社殿の右手には、あたかも1000本の樹幹が寄り集まって一本の大樹のように見えることから「千本公孫樹《せんぼんいちょう》」の名で親しまれている御神木があります。千葉県内最大のイチョウといわれ、天高く伸びる姿には圧倒されます。

⛩御祭神 誉田別命・息長帯姫命・玉依姫命
⛩御利益 厄除開運・安産・健康・必勝

千葉県市川市八幡4-2-1　047-332-4488
京成線京成八幡駅から徒歩5分
御朱印300円／9時～15時30分／社務所で授与

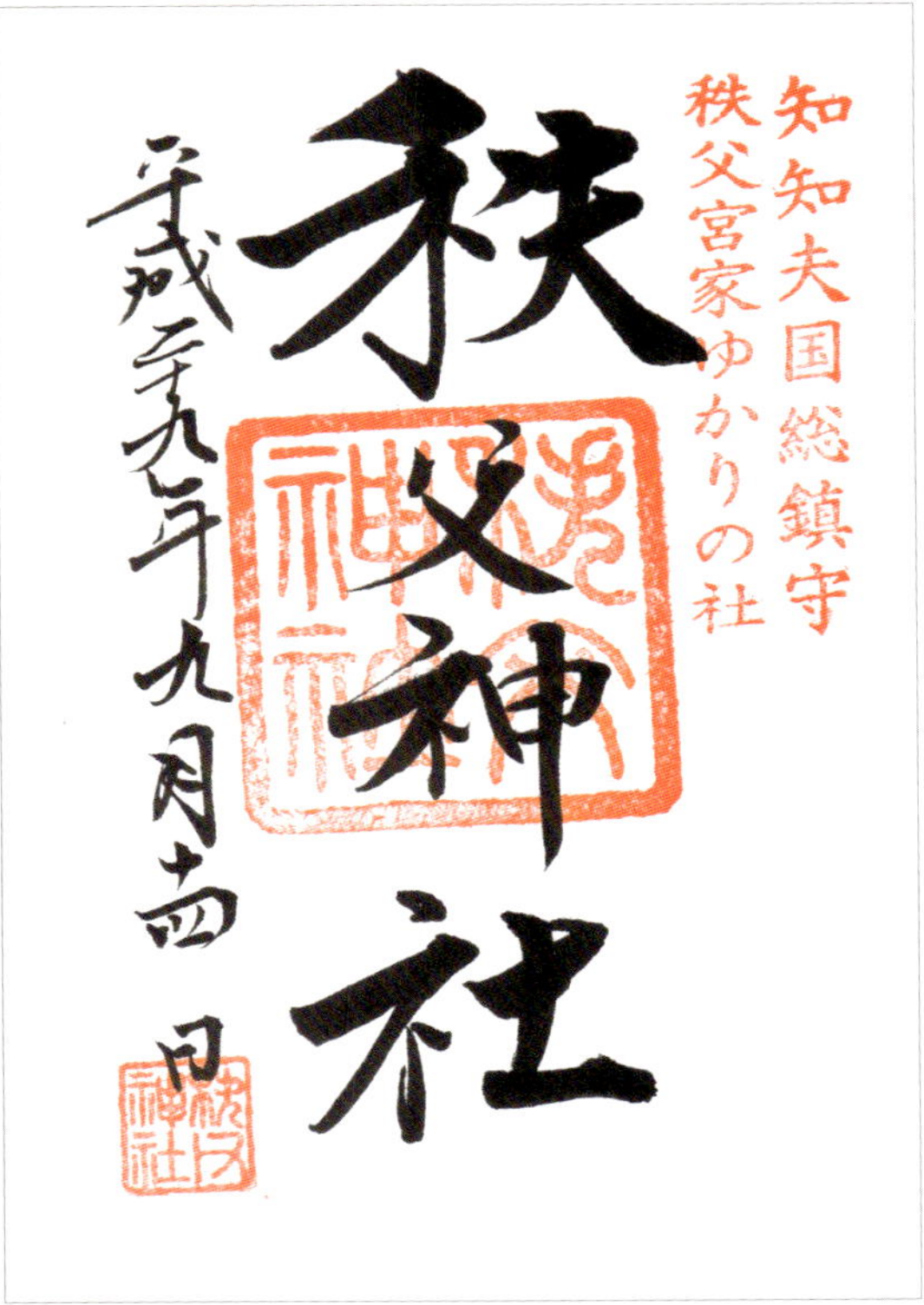

「好字二字令《こうじにじれい》」以前の3文字の国名を記す

- 右の印…知知夫国総鎮守・秩父宮家ゆかりの社
- 中央の字…秩父神社
- 中央の印…秩父神社
- 左下の印…秩父神社

秩父神社《ちちぶじんじゃ》

埼玉県秩父市 地図P7

崇神《すじん》天皇の御代、知知夫国《ちちぶのくに》の初代国造《くにのみやつこ》・知知《ちち》夫彦命《ぶひこのみこと》が、政治・学問・工業・開運の祖神である八意思兼命《やごころおもいかねのみこと》を祀ったことに始まると、平安初期の歴史書『先代旧事本紀《せんだいくじほんぎ》』に記されている古社です。

徳川家康の寄進により再建された極彩色の本殿は、名工・左甚五郎《ひだりじんごろう》が施したと伝わる「つなぎの龍」や「子宝・子育ての虎」などの彫刻に彩られています。

毎年12月3日の例大祭「秩父夜祭《よまつり》」は、世界無形遺産に登録されました。

御祭神 八意思兼命・知知夫彦命・天之御中主神・秩父宮雍仁親王
御利益 工業・産業・学業成就・子宝・子育て

埼玉県秩父市番場町1-3　0494-22-0262
秩父鉄道秩父駅から徒歩3分
御朱印300円／9時～17時／授与所で授与

▲「つなぎの龍」の絵馬は鬼門守護として玄関に

**やさしくも力強い
はげましがいただけます**

シンボルの招き猫が
幸運を招く！

● 右の字…奉拝
● 右下の印…ペアの招き猫・招き猫発祥の地
● 中央の字…今戸神社
● 中央の印…今戸神社
● 左下の印…福禄寿・今戸神社

今戸神社《いまどじんじゃ》

東京都台東区 地図P6

縁結びに御利益があることで、女性に大人気の神社です。境内は願いの叶った人が奉納した、御礼や絵馬であふれかえっています。ここは今戸焼発祥の地でもあり、江戸時代には今戸焼の招き猫が大評判になりました。拝殿に鎮座する福禄寿様も今戸焼です。この福禄寿様は、浅草名所《などころ》七福神の一つです。

平安時代に源頼《みなもとのより》義《よし》・義家《よしいえ》親子が京都の石清水八幡宮を勧請《かんじょう》し、のちに白山《はくさん》神社が合祀されて、現在の今戸神社となりました。

⛩御祭神　**応神天皇・伊弉諾尊・伊弉冉尊**
⛩御利益　**縁結び・勝運・商売繁盛**

東京都台東区今戸1-5-22　03-3872-2703
東京メトロ銀座線・地下鉄都営浅草線・東武線浅草駅から徒歩15分
＊御朱印300円／9時～17時／社務所で授与

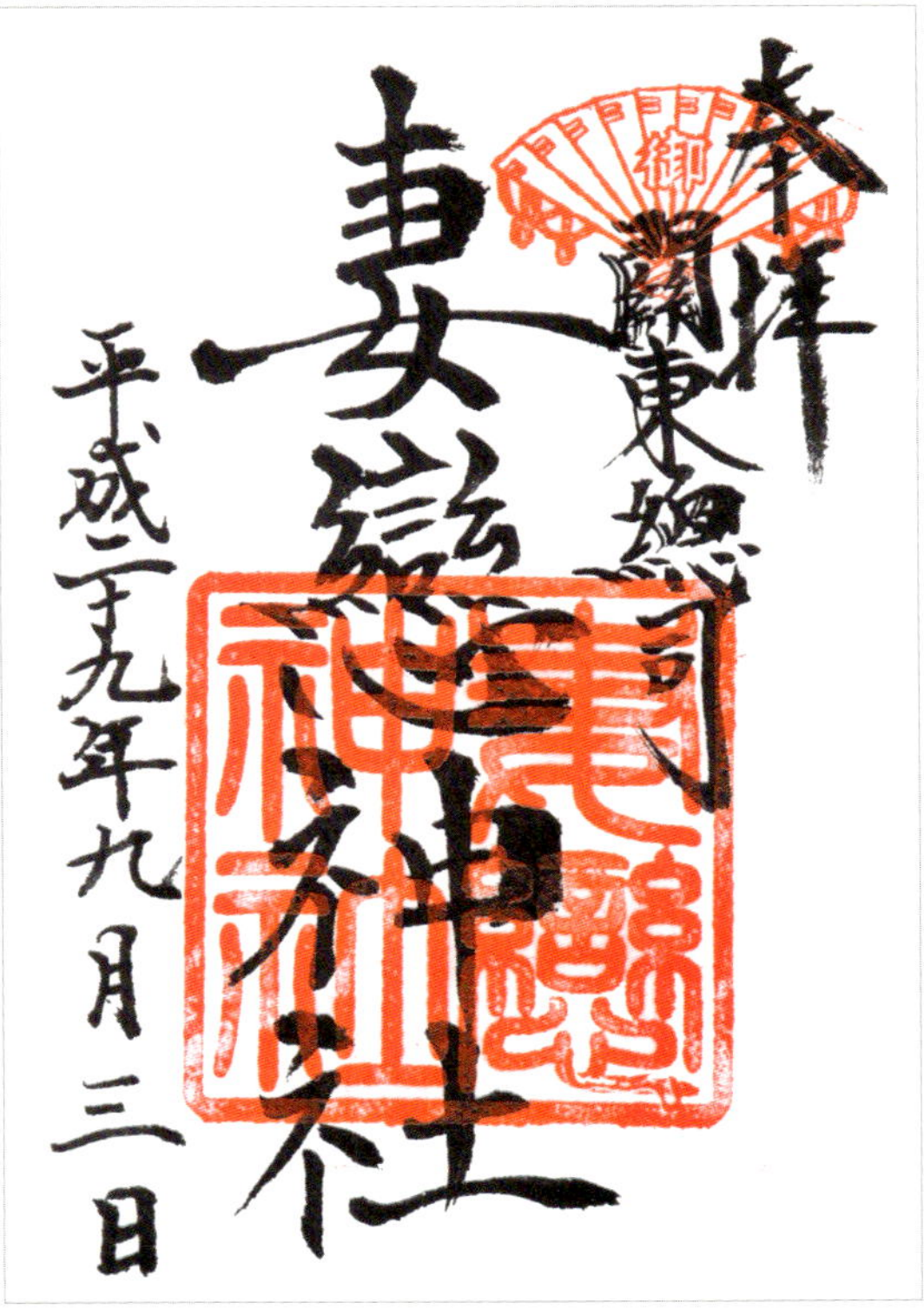

檜扇に「御」の一文字
その由来は不詳

●右の字…奉拝
●右の印…檜扇
●中央の字…關東總司・妻戀神社
●中央の印…妻戀神社

妻戀神社《つまこいじんじゃ》

東京都文京区　地図P6

日本武尊は東征に向かう途上、東京湾で暴風雨に遭遇します。すると妃《きさき》の弟橘媛命《おとたちばなひめのみこと》が海に身を投じて海神を鎮め、尊は無事木更津《きさらづ》に上陸できました。東国平定の帰路、尊は「吾妻者耶《あづまはや》……」と妻を恋い慕う歌を詠みます。そのときの行宮（野営地）跡に「妻戀明神」として祀られたのが妻戀神社の始めと言い伝えられています。

都内にあってこの有名な夫婦神を祀る神社は珍しく、縁結びを願う女性はもちろん、ご夫婦での参拝も多いそうです。

絵馬「吾妻はや」（初穂料800円）

⛩御祭神　倉稲魂命・日本武尊・弟橘媛命
⛩御利益　縁結び・夫婦円満・五穀豊穣

東京都文京区湯島3-2-6　なし
東京メトロ銀座線末広町駅から徒歩7分
＊御朱印300円／土・日曜の13時～16時（休みの場合あり）／社務所で授与

柔らかな字体と
桜の絵の調和が美しい

- 右の字…さくらの日まいり・下総國のだ
- 中央の字…櫻木神社
- 中央の印…櫻木神社之印
- 左の字…奉拝

◀「サクラ　サクラ　サクラがサイタ」のカタカナ12文字すべてに桜のシールを貼ると、記念品がいただける（シールは御朱印捺印ごとに1枚）

櫻木神社《さくらぎじんじゃ》

千葉県野田市　地図P7

大化の改新を主導した藤原鎌足《ふじわらのかまたり》の子孫とされる藤原嗣良《つぐよし》が仁寿《にんじゅ》元年（851）、一族繁栄のため桜の木のもとに倉稲魂命《うかのみたまのみこと》を祀ったのが創始と伝えます。玉砂利と石畳で覆われた広い境内には30種類もの桜が植えられ、春の眺めは見事です。

3月9日から29日まで毎日頒布される「さくらの日まいり」限定御朱印（上）は大人気です。

◀通常の御朱印

⛩御祭神　倉稲魂命・武甕槌命・伊弉諾尊・伊弉冉尊
⛩御利益　財運豊饒・開運・縁結び

千葉県野田市桜台210　04-7121-0001
東武野田線野田市駅から徒歩10分
＊御朱印300円（「さくらの日まいり」御朱印は500円）／9時～17時／社務所で授与

「ふるさとの森」にすむ
フクロウの印が愛らしい

- 右の字…奉拝
- 中央の字…氷川女體神社
- 中央上の印…神紋（雲紋）・フクロウ
- 中央の印…武蔵一宮

氷川女體神社《ひかわにょたいじんじゃ》

埼玉県さいたま市　地図P7

▼願い事が叶ったら着物を着せて奉納する巫女人形

古代より祭祀が営まれ、見沼《みぬま》の龍神伝説が残る神聖な地に鎮座しています。鬱蒼とした社叢《しゃそう》は埼玉県の「ふるさとの森」に指定されています。例年5月4日には祇園磐船竜神祭《ぎおんいわふねりゅうじんさい》が、7月31日には名越祓《なごしのはら》えが営まれ、300人以上が参列します。

女神の奇稲田姫尊《くしなだひめのみこと》を女性の神官がお祀りしているゆえか、縁結びなど女性の参拝者が多いのも特徴です。また鎌倉・室町時代の御神宝を数多く有し、「武蔵野の正倉院」ともよばれています。

御祭神　奇稲田姫尊
御利益　恋愛成就・厄除け・家内安全

埼玉県さいたま市緑区宮本2-17-1　048-874-6054
JR武蔵野線東浦和駅からバス10分、朝日坂上下車、徒歩5分　御朱印500円／9時～16時／社務所で授与（神職不在の場合は書き置きを授与）

御神鳥の鳩2羽が元気にはばたく

- 右の字…奉拝
- 中央の字…川越八幡宮
- 中央上下の印…鳩
- 中央の印…川越八幡宮
- 左下の印…川越市八幡神社社務所印

川越八幡宮《かわごえはちまんぐう》

埼玉県川越市 地図P7

長元《ちょうげん》3年（１０３０）、甲斐守《かいのかみ》・源頼信《みなもとのよりのぶ》によって創祀されたのが起源と伝えられています。

境内には御神木の「縁むすびイチョウ」がそびえ立っています。昭和8年（１９３３）に植えられた雌雄2本の木が寄り添って一本になった、珍しいイチョウです。この御神木に触れ、お守りを身につけて二度拍《かしわ》手《で》を打つと良縁に巡り合うといわれ、女性の参拝者が多く見受けられます。御朱印には八幡様の御神鳥の鳩があしらわれています。

◀縁むすびイチョウ

⛩御祭神 誉田別尊
⛩御利益 良縁・夫婦円満・勝運

埼玉県川越市南通町19-1 049-222-1396
JR川越線・東武東上線川越駅、西武新宿線本川越駅から徒歩７分
＊御朱印300円／ 9時～ 17時／社務所で授与

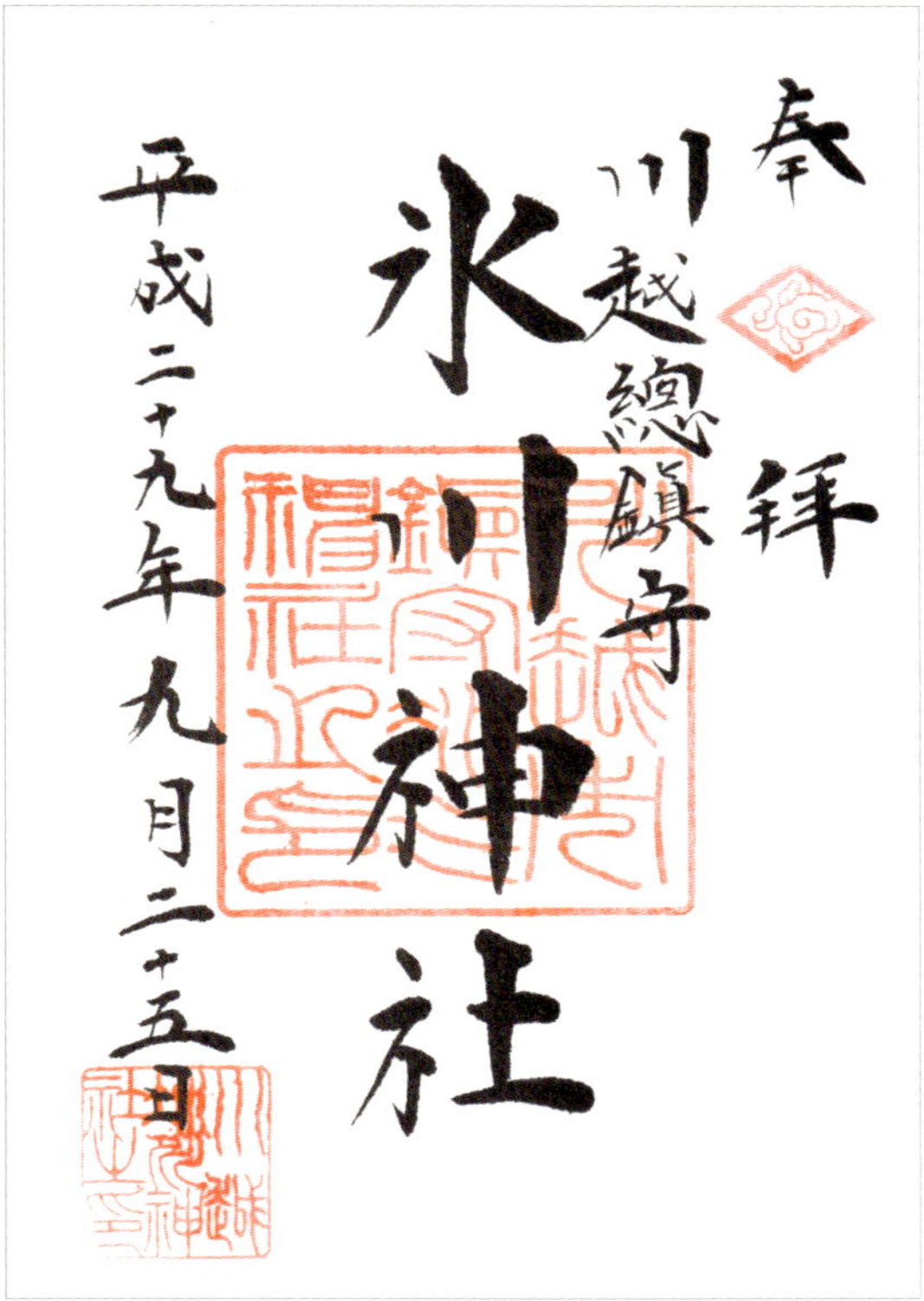

社紋の雲菱がアクセント

● 右の字…奉拝
● 右の印…社紋（雲菱）
● 中央の字…川越總鎮守・氷川神社
● 中央の印…川越総鎮守氷川神社之印
● 左の印…川越氷川神社之印

埼玉県川越市　地図P7

川越氷川神社《かわごえひかわじんじゃ》

約1500年前の欽明《きんめい》天皇2年に創建されたと伝える古社です。江戸時代には川越《かわごえ》藩の総鎮守として崇敬されました。

出雲大社《いずもたいしゃ》の縁結びの神様である大己貴命《おおなむちのみこと》、そのご両親の素盞鳴尊《すさのおのみこと》と奇稲田姫命《くしいなだひめのみこと》、さらに奇稲田姫命のご両親と2組の夫婦神を含む五柱の神様を祀ることから、夫婦円満・縁結びを願う女性の参拝が絶えません。

秋の川越の町を彩る「川越氷川祭礼（川越祭）」は、ユネスコの無形文化遺産に登録されています。

◀人々が願いを込めて奉納した絵馬のトンネル

御祭神　素盞鳴尊・奇稲田姫命・脚摩乳命・手摩乳命・大己貴命
御利益　縁結び・夫婦円満・家族円満

埼玉県川越市宮下町2-11　049-224-0589
JR川越線・東武東上線川越駅からバス15分（西武新宿線本川越駅からバス10分）、川越氷川神社下車すぐ
御朱印300円／8時～18時／社務所で授与

気品あふれる行書の筆運び

- 右の字…奉拝
- 右上の印…埼玉縣熊谷市
- 中央の字…高城神社
- 中央の印…高城神社
- 左下の印…社紋（左三つ巴）

埼玉県熊谷市 地図P7

高城神社《たかぎじんじゃ》

創始は奈良時代以前と伝わります。中山道《なかせんどう》の宿場町・熊谷《くまがや》宿の総鎮守として信仰され、境内には天保《てんぽう》12年（1841）に建てられた文化財の青銅製の大きな常夜燈があります。

6月30日の「胎内《たいない》くぐり」では、一の鳥居に設置された直径4mの茅《ち》の輪《わ》をくぐることで災厄を祓い、12月8日には酉《とり》の市《いち》が立ち、にぎわいます。

タカミムスビノミコトをお祀りしていることから「縁結び」の神様としても人気を集めています。

⛩御祭神 高皇産霊尊
⛩御利益 縁結び・家内円満・商売繁盛

埼玉県熊谷市宮町2-93　048-522-1985
JR上越新幹線・高崎線・秩父鉄道熊谷駅から徒歩12分
御朱印300円／9時～16時30分（平日の12時～13時と仏滅の日は休み）／社務所で授与

伝説の「三岐の竹」がユニーク

- 右の字…下総之國三竹山鎮座
- 中央の字…一言主神社
- 中央上の印…三岐の竹・社紋（九曜）
- 左の字…奉拝
- 中央の印…三竹山一言主神社
- 左下の印…一言主神社社務所之印

一言主神社《ひとことぬしじんじゃ》

茨城県常総市　地図P7

『古事記』『日本書紀』にも登場する言行《げんこう》一致・託宣《たくせん》の神、一言主神《ひとことぬしのかみ》は、吉凶を聞き分け、心からのただ一言の願いを叶えてくださる神様。事代主命《ことしろぬしのみこと》と同一神といわれます。大同《だいどう》4年（809）、この地に不思議な三岐《みつまた》の竹が生え、そこに神が降臨されたのが創建の由来です。

地域最大の大塚戸《おおつかど》古墳群を擁する古来の聖地に建つ本殿は、市の指定文化財。静かな社殿の前で、自分にとって最も大切な願いは何か、心に問いかけてみましょう。

⛩御祭神　一言主大神
⛩御利益　縁結び・安産・商売繁盛・学業成就

茨城県常総市大塚戸町875　0297-27-0659
つくばエクスプレス守谷駅からタクシー 20分
御朱印300円／9時～17時／社務所で授与

**神社所蔵の重文
白銅月宮鑑が美しい**

- 右の印…上野國一之宮
- 右下の印…白銅月宮鑑《はくどうげっくうかん》
- 中央の字…一之宮貫前神社
- 中央の印…貫前神社

一之宮貫前神社《いちのみやぬきさきじんじゃ》

群馬県富岡市　地図P7

蓬ケ丘《よもぎがおか》とよばれる丘陵の斜面に建ち、石段を上り切った高台にある総門から一転下り道となる、珍しい「下り参道」を持つ神社です。かつての上野国《こうずけのくに》一の宮で、現在の本殿・拝殿は三代将軍徳川家光《とくがわいえみつ》の造営。楼門とともに国の重要文化財です。最近、5年にわたる大修復を終え、漆の色も鮮やか。

御祭神の経津主命は刀剣の神として知られる物部《もののべ》氏の祖神。姫大神《ひめおおかみ》は機織りの女神で、近くの富《とみ》岡《おか》製糸場の守り神でもあったようです。

御祭神　経津主神・姫大神
御利益　縁結び・厄除け・産業発展

群馬県富岡市一ノ宮1535　0274-62-2009
上信電鉄上州一ノ宮駅から徒歩15分
御朱印500円／8時～17時／社務所で授与

「室之八嶋」の文字が歌心を呼び覚ます

- 右の字…奉拝・室之八嶋
- 中央の字…大神神社
- 中央の印…延喜式内大神神社印

大神神社《おおみわじんじゃ》

栃木県栃木市　地図P7

崇神天皇48年の創建で、下野国《しもつけのくに》総社と伝わる古社。御祭神は、大和国（奈良県）の大神神社から勧請された倭大物主櫛𤭖玉命《やまとのおおものぬしくしみかたまのみこと》です。

広々とした境内の一角には、東国の歌枕（歌の題材となる名所旧跡）として名高い「室《むろ》の八嶋《やしま》」があります。池に浮かぶ八つの島に「浅間《せんげん》、二荒山《ふたらさん》、筑波《つくば》、雷電《らいでん》、香取《かとり》、鹿島《かしま》、熊野《くまの》、天満宮《てんまんぐう》」の八社が祀られた珍しい景観を、古来多くの歌人や俳人が詠み、それらは『万葉集』『古今和歌集』などに収められています。

⛩御祭神　**倭大物主櫛𤭖玉命**
⛩御利益　**家内安全・商売繁盛・縁結び**

栃木県栃木市惣社町477　0282-27-6126
東武宇都宮線野州大塚駅から徒歩20分
＊御朱印300円／9時～17時／不在の際は太平山神社（P100）の社務所で授与

「開運招福二福神」こそ
最強の福神ペア

- 右の印…奉拝・開運招福二福神
- 中央の字…大前神社
- 中央の印…延喜式内大前神社印
- 左下の印…御造替1250年・鳳凰

大前神社《おおさきじんじゃ》

栃木県真岡市　地図P7

五行川《ごぎょうがわ》沿いの社叢に極彩色の社殿が美しく映える神社です。随所に施された神使《しんし》の鯉や霊獣の彫刻、天井絵も実に見事。かつての下野国の延喜式《えんぎしき》内社で、「だいこく様」「えびす様」二柱の福神に御利益をいただこうと、境内はいつも人であふれています。

縁結びの大物主大《おおものぬしおお》國魂《くにたま》神社や大前恵比《おおさきえび》寿《す》神社など、境内社も人気があります。

平成29年（2017）から大規模な御造替《ぞうたい》が始まりました。完成は3年後の予定です。

◀拝殿の天井に描かれた鯉は神様のお使い

御祭神　大国主大神・事代主大神
御利益　縁結び・開運招福・厄除け・五穀豊穣・産業発展

栃木県真岡市東郷937　0285-82-2509
真岡鐵道北真岡駅から徒歩15分／JR宇都宮駅から東野バス1時間、大前神社前下車すぐ
御朱印500円／9時～17時／授与所で授与

厄除け・健康

希望すれば芭蕉の句碑の印も授与してもらえる

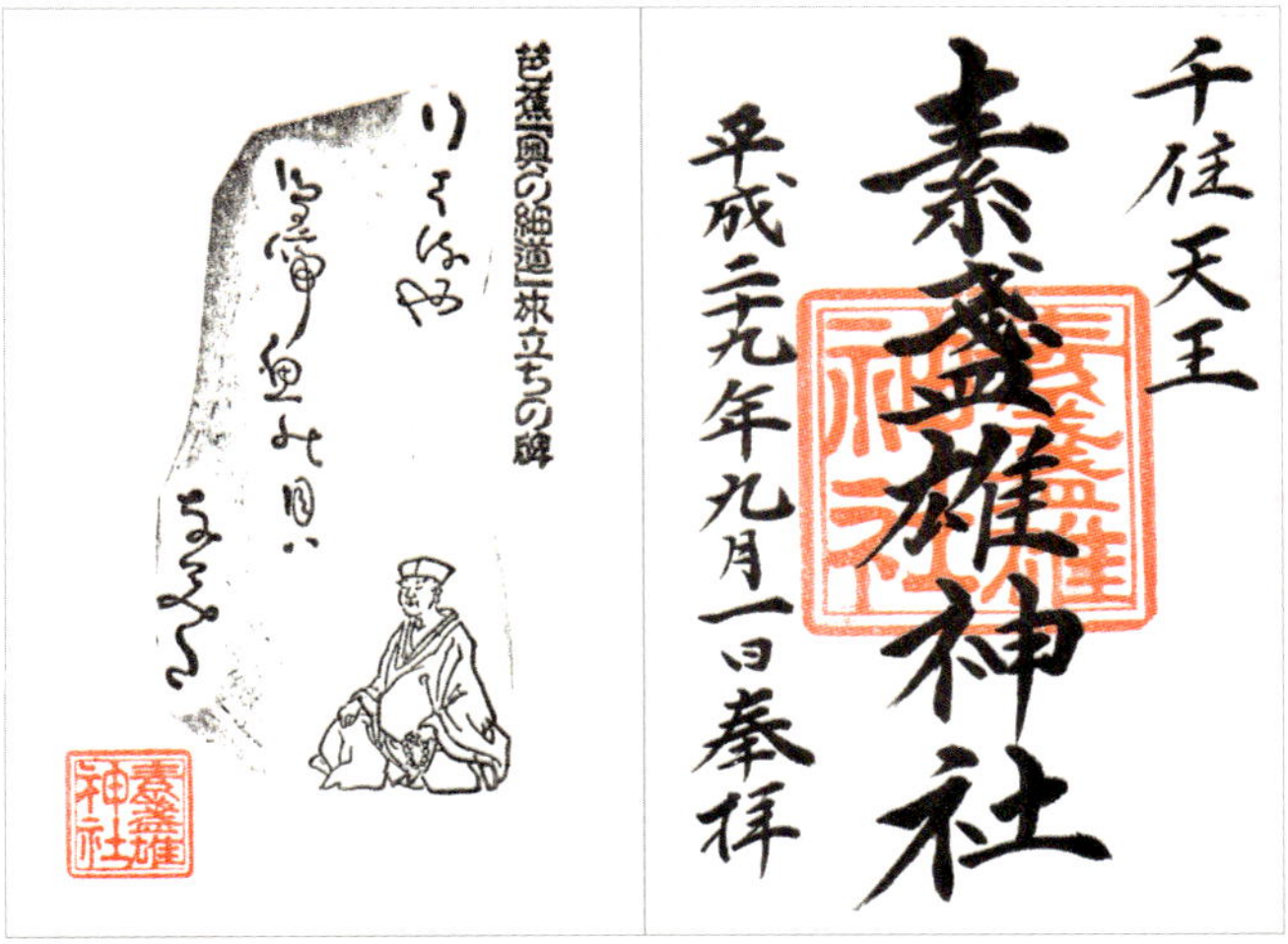

- 右の字…千住天王
- 中央の字…素盞雄神社
- 中央の印…素盞雄神社
- 左下の字…奉拝

厄を払っていただけば
気持ちも前向きに

素盞雄神社《すさのおじんじゃ》

東京都荒川区　地図P6

　平安時代・延暦《えんりゃく》14年（795）の創建。役小角《えんのおつの》の高弟・黒珍《こくちん》が小高い塚の奇岩を日夜、斎戒礼拝すると素盞雄大神《すさのおおおかみ》と飛鳥大神《あすかおおかみ》が現れ、神社創建の御神託を告げたと伝わります。

　スサノオノミコトは、八俣大蛇《やまたのおろち》退治や蘇民将来《そみんしょうらい》の伝説でも知られる災厄除けの神様で、疫神祭、天王祭、大祓《おおはらい》などの祭儀が行われます。

　境内には松尾芭蕉の『奥の細道』旅立ちの句を刻む矢立《やたて》初めの句碑があり、希望者にその印（上左）も授与しています。

御祭神　素盞雄大神・飛鳥大神
御利益　厄除け・災厄除け・家内安全

東京都荒川区南千住6-60-1　03-3891-8281
JR常磐線・東京メトロ日比谷線・つくばエクスプレス南千住駅から徒歩８分　御朱印志納／９時～16時前／参集殿授与所で授与

季節を感じさせる
趣向を凝らした御朱印

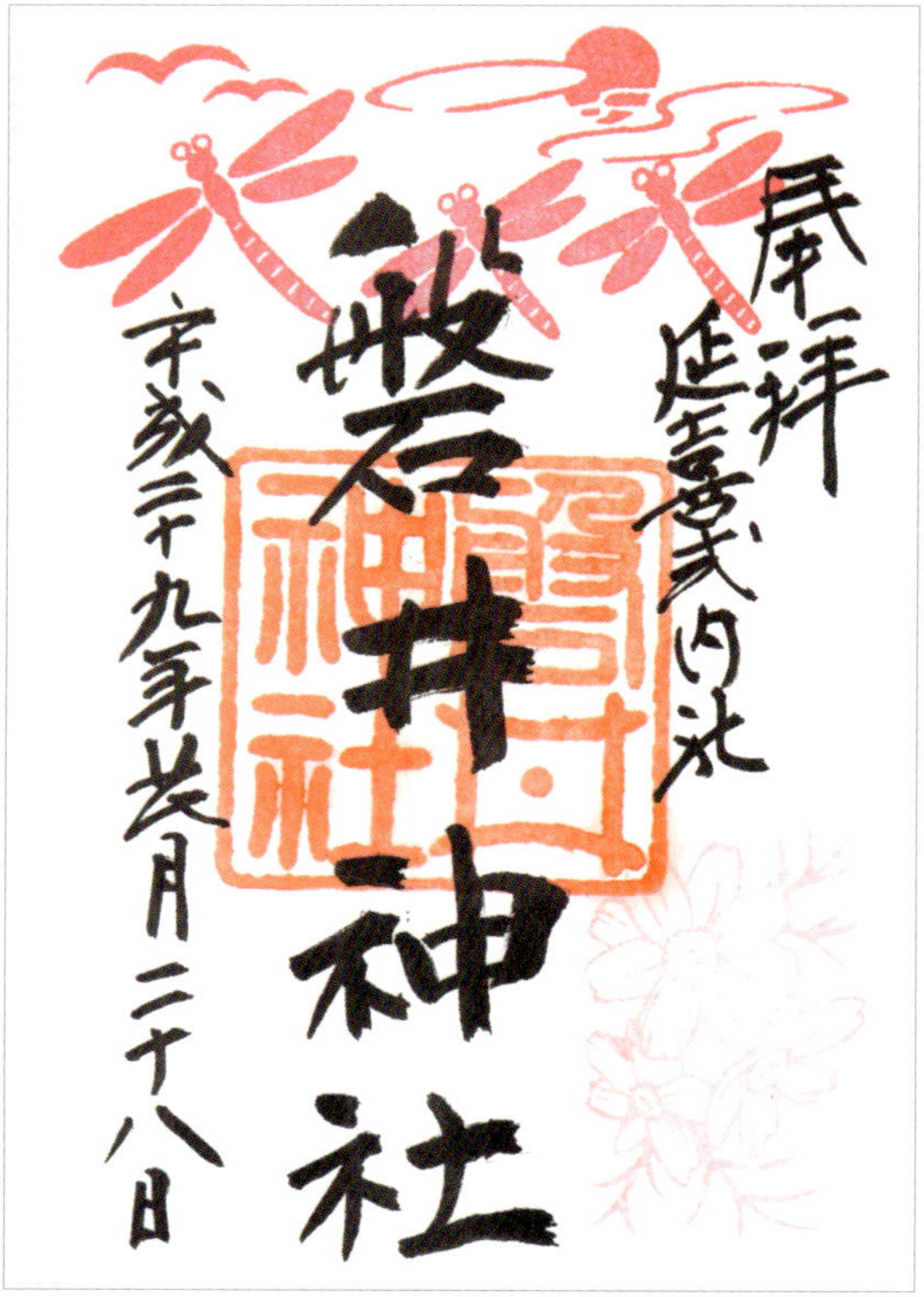

- 右上の字…奉拝・延喜式内社
- 右下の印…コスモス（秋の印）
- 中央の字…磐井神社
- 中央上の印…夕焼けに赤とんぼ（秋の印）
- 中央の印…磐井神社

磐井神社《いわいじんじゃ》

東京都大田区 地図P7

平安時代の『延喜式』の神名帳《じんみょうちょう》に記載がある古社です。武蔵国《むさしのくに》の総社八幡宮《そうじゃはちまんぐう》であったとされます。その昔、社のそばに岩盤から湧き出る清水があり、その水を行いの正しい者が飲むと真水に、行いの悪い者が飲むと塩水になったという、海に近い大森ならではの言い伝えがあります。

また、鈴のような音を響かせる御神宝「鈴石」の伝説から、「鈴ヶ森」の地名が生まれたといいます。御朱印は季節に合わせて、4種類の絵柄が登場します。

⛩御祭神　應神天皇・大己貴命
⛩御利益　厄除け・縁結び・安産子育て

東京都大田区大森北2-20-8　03-3761-2931
京急線大森海岸駅から徒歩3分
御朱印 300円／9時～17時／社務所で授与

流麗な文字と
力強い朱赤の印

- 右上の印…参拝祈念
- 中央の字…沼袋氷川神社
- 中央の印…沼袋氷川神社
- 左上の印…中野七福神・巾着袋
- 左の字…鎮座地東京都中野区沼袋一ー三一ー四

東京都中野区 地図P7

沼袋《ぬまぶくろ》氷川《ひかわ》神社《じんじゃ》

南北朝時代、武蔵国一の宮である大宮（今の埼玉県）に鎮座する氷川神社（P80）より分霊し、この地に祀ったのが始まりと伝えます。御祭神の須佐之男命《すさのおのみこと》は武勇に優れ、また和歌を詠むなど文武両道に秀でた神様です。太田道灌はここに陣を敷き、戦勝を祈願して杉を献じました。また、厄除けの御利益でも知られています。

参道の途中には七福神の像がずらりと並ぶ「中野七福神」があります。色鮮やかな御朱印(上左)も人気を集めています。

御祭神　須佐之男命
御利益　厄除け・学問成就・安産

東京都中野区沼袋1-31-4　03-3386-5566
西武新宿線沼袋駅から徒歩2分
御朱印 300円／10時～17時／社務所で授与

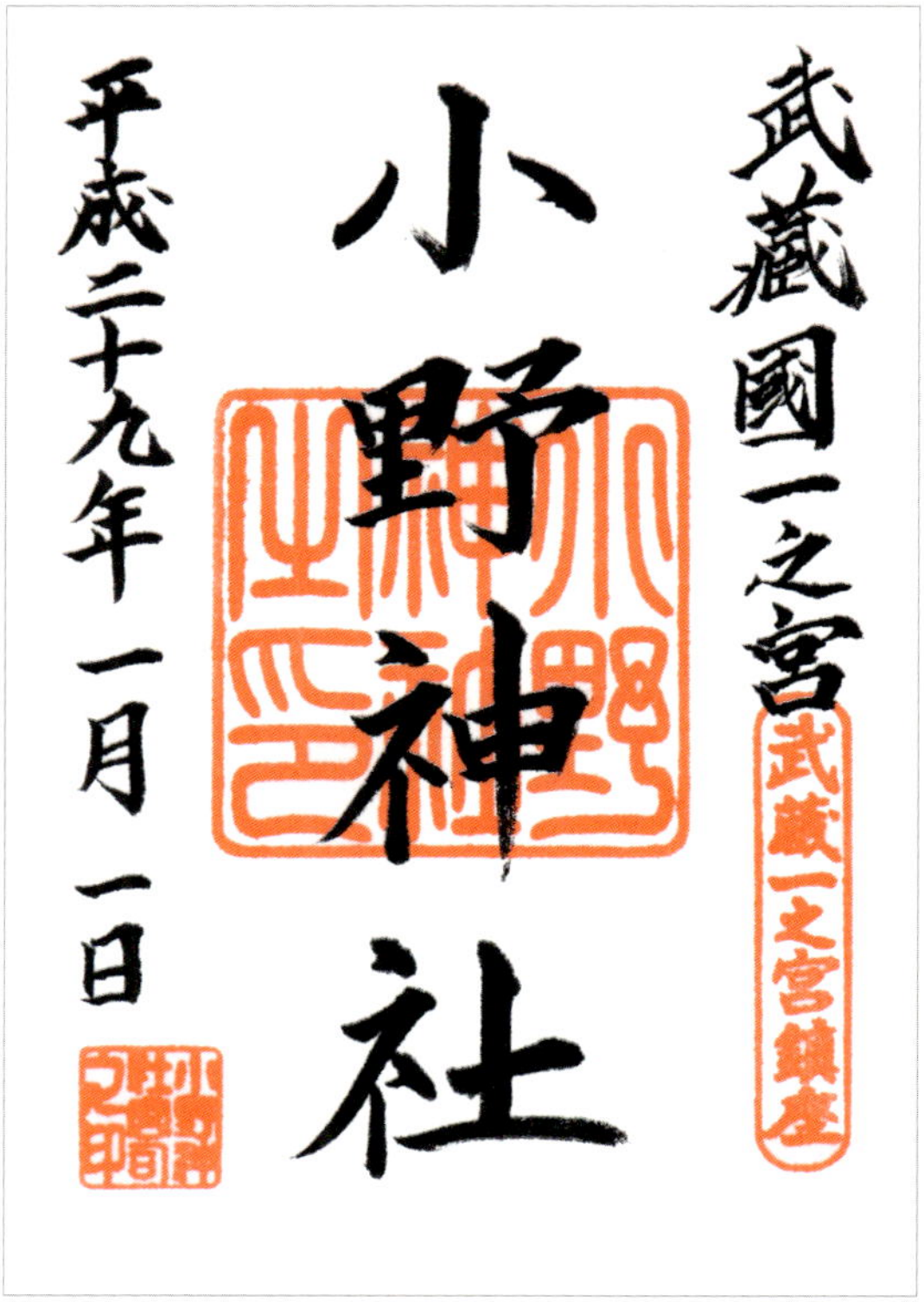

一之宮であることを示す
墨書きと朱印

- 右の字…武蔵國一之宮
- 右の印…武蔵一之宮鎮座
- 中央の字…小野神社
- 中央の印…小野神社之印
- 左下の印…小野神社宮司之印

小野神社《おのじんじゃ》

東京都多摩市 地図P7

聖蹟桜ヶ丘《せいせきさくらがおか》駅に近い閑静な住宅街の一角に、色鮮やかな朱塗りの拝殿と本殿が立っています。紀元前の安寧《あんねい》天皇18年の鎮座と伝え、武蔵国開拓の祖神・天下春命《あめのしたはるのみこと》をお祀りしています。

10世紀半ば、『延喜式』が編修された折に武蔵国八座の一社となり、その後、大國魂《おおくにたま》神社の東殿第一次の席を与えられたという由緒ある神社です。南北朝時代の『神道集《しんとうしゅう》』に、「一宮は小野大明神」と記され、御朱印にも「武蔵國一之宮」の文字が見られます。

御祭神 天下春命・瀬織津比咩命
御利益 厄除け・病気平癒・交通安全

東京都多摩市一ノ宮1-18-8　042-338-1151
京王線聖蹟桜ヶ丘駅から徒歩6分
御朱印500円／9時～16時（不在の場合あり）／社務所で授与

力強さを感じさせる勢いのある筆跡

- 右上の字…奉拝
- 中央の字…武州羽村・武蔵阿蘇神社
- 中央の印…天津祝詞太祝詞
- 左下の印…阿蘇神社之印

武蔵阿蘇神社《むさしあそじんじゃ》

東京都羽村市 地図P7

▲多摩川が眺められる南参道

多摩川のほとりに建ち、周囲の自然に溶け込むような佇まいが素敵です。創建は古墳時代の終わり、推古《すいこ》天皇のころとされ、以来1400年の長きにわたってこの地で親しまれてきました。承平《じょうへい》3年（933）には平将門が社殿を造営したとも伝えられています。

多摩川沿いの南参道の石段の下、竹やぶを入った先に宮司のご自宅があり、御朱印はこちらでいただけます。不在のときもあるため、節度を持って訪問しましょう。

⛩御祭神 健磐竜命・阿蘇都媛命・速瓶玉命
⛩御利益 厄除け・安産・招福

東京都羽村市羽加美4-6-7 042-554-3405
JR青梅線羽村駅から徒歩20分
御朱印 300円／9時～17時／社務所で授与

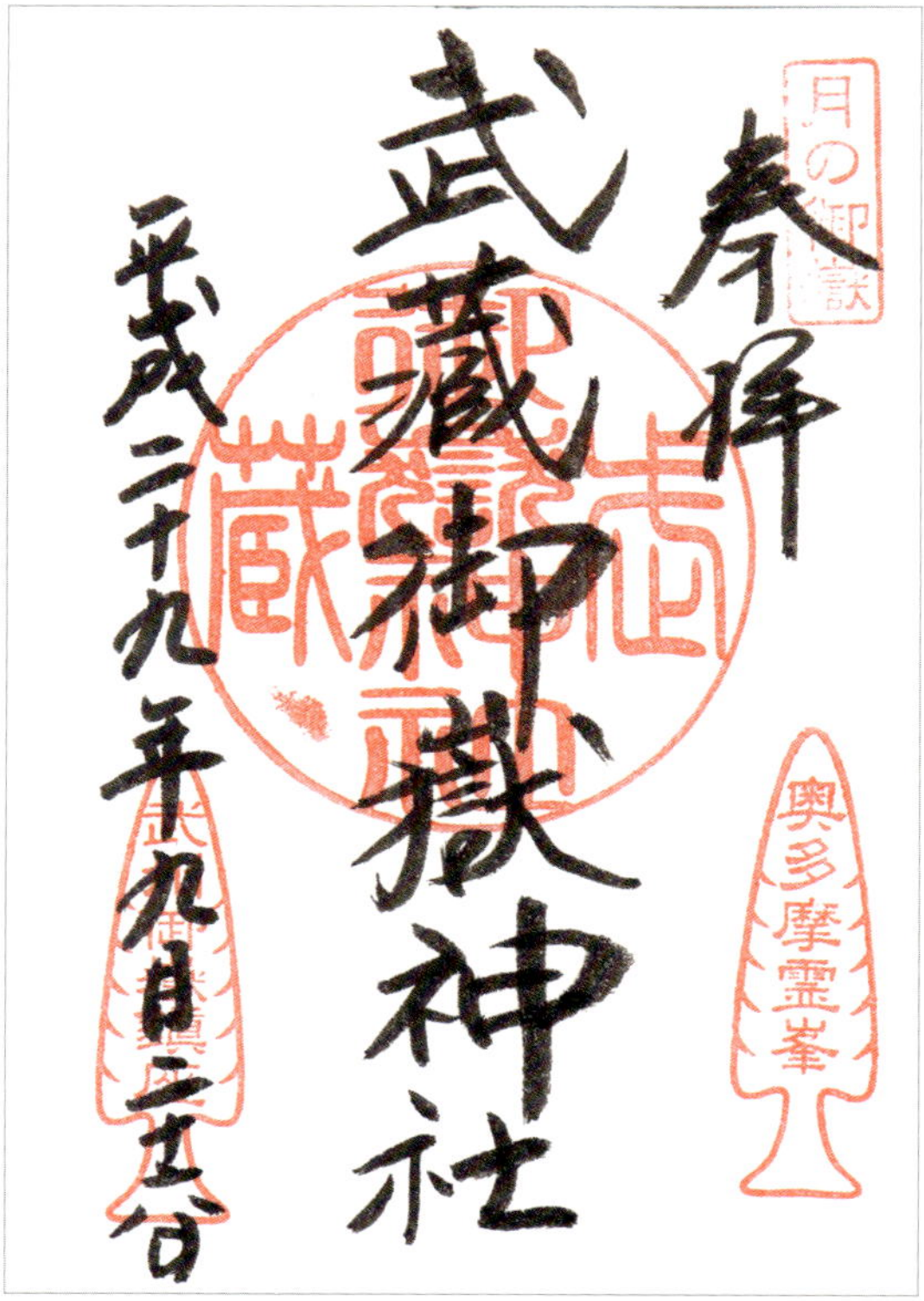

山深い社殿を思わせる杉の木をかたどった押し印

●右の字…奉拝　●右上の印…月の御嶽
●右下の印…奥多摩霊峯・杉
●中央の字…武蔵御嶽神社
●中央の印…武蔵御嶽神社・満月
●左下の印…武州御嶽鎮座・杉

武蔵御嶽神社《むさしみたけじんじゃ》

東京都青梅市　地図P7

▲災難除けの守り神・大口真神のお札（初穂料300円）

標高929mの御岳山《みたけさん》上に建つ、平安時代の法典『延喜式』にも書かれた古社です。山岳信仰の興隆とともに畠山重忠《はたけやましげただ》ら武将の崇敬を集め、江戸時代になると庶民にも御嶽信仰が広まりました。参道には今も宿坊が並びます。

日本武尊はこの地で狼に導かれて難を逃れとされ、以来狼は大口真神《おおくちまかみ》として信仰を集めています。

▲「酉年式年大祭」の御朱印は酉年に通年、授与される

御祭神　櫛眞智命・大己貴命・少彦名命
御利益　災難除け・家内安全・商売繁盛

東京都青梅市御岳山176　042-878-8500
JR青梅線御嶽駅からバス10分、ケーブル下下車。ケーブルカー 6分、御岳山駅下車、徒歩25分
御朱印500円／9時～16時／社務所で授与

金文字とハマゴウの印が
上品かつ鮮やか

● 右の印…社紋（左流れ三つ巴）・八方除
● 中央の字…寒川神社
● 中央の印…相模國一之宮寒川神社
● 中央下の印…ハマゴウ

寒川神社《さむかわじんじゃ》

神奈川県寒川町　地図P7

1500年以上の歴史をもち、相模国一之宮として有名です。約1万5000坪の境内は緑豊かな樹木に囲まれています。寒川比古命《さむかわひこのみこと》・寒川比女命《さむかわひめのみこと》の二柱を祀り、合わせて寒川大明神《さむかわだいみょうじん》とお呼びしています。全国で唯一の八《はっ》方除《ぼうよけ》・方位除の守護神として、各地から大勢の参拝者が訪れています。

御朱印の植物は、浜降祭《はまおりさい》において、茅《ち》ヶ崎《がさき》の海岸で寒川神社の神輿を休める際に「しとね（御座）」として敷かれる「ハマゴウ」です。

⛩御祭神　寒川比古命・寒川比女命
⛩御利益　八方除・方位除・家業繁盛・福徳開運

神奈川県高座郡寒川町宮山3916
0467-75-0004
JR相模線宮山駅から徒歩5分
御朱印志納／8時～17時／社務所で授与

推古天皇御宸筆由来の「鎮地大神」の文字

●右の印…相州平塚鎮座
●中央の字…鎮地大神
●中央の印…平塚八幡宮

平塚八幡宮《ひらつかはちまんぐう》

神奈川県平塚市　地図P7

平塚市の中心街に鎮座する、相模国一國一社の八幡宮です。大地震による人民の苦難を見かねた仁徳《にんとく》天皇が、父・應神《おうじん》天皇を祀ったことに始まると伝えます。推古天皇の御代にも大地震が起こり、天皇が「鎮《ちん》地大神《ちおおかみ》」の御宸筆《ごしんぴつ》を捧げて祈念し、平穏に至ったとされます。平塚八幡宮が「鎮地大神」と称され、厄除け・招福の祈願が絶えない由縁です。

境内には弁財天社や稲荷社など、多くの末社も祀られ、弁財天、稲荷の御朱印も授与しています。

⛩御祭神　**應神天皇・神功皇后・武内宿禰**
⛩御利益　**厄除け・招福・安産**

神奈川県平塚市浅間町1-6　0463-23-3315
JR東海道線平塚駅から徒歩8分
御朱印300円／9時～17時／社務所で授与

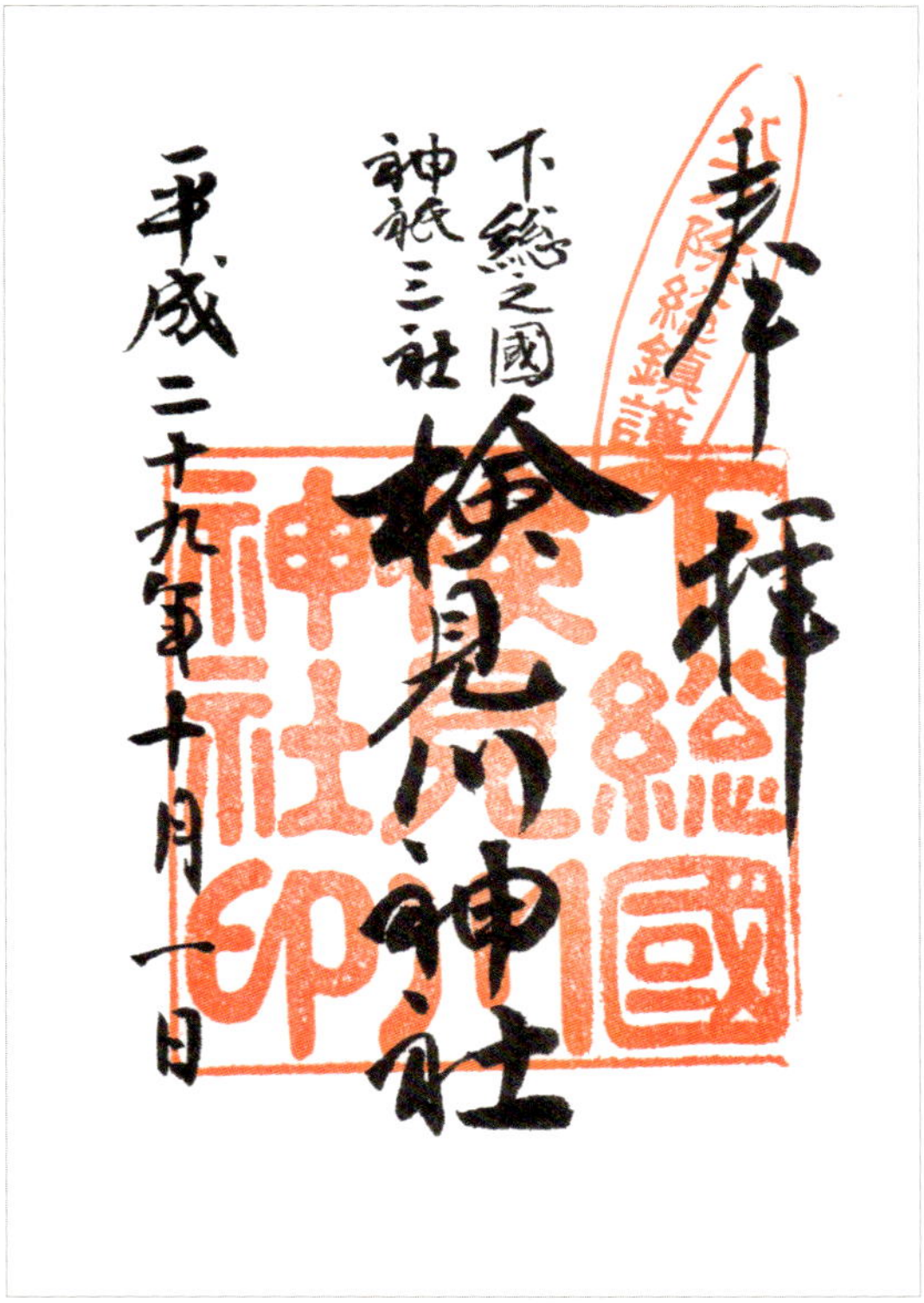

堂々と大きな社印と流れるような筆文字

- 右の字…奉拝
- 右上の印…八方除総鎮護
- 中央の字…下総之國神祇三社・検見川神社
- 中央の印…下総國検見川神社印

検見川神社《けみがわじんじゃ》

千葉県千葉市　地図P6

平安時代前期、清和《せいわ》天皇の御代に創始という、およそ1200年の歴史がある房総の古社です。主祭神である素戔嗚尊による災厄消除の御神徳から、県内唯一の八方除総鎮護の神社として、全国より崇敬を集めています。「検見川大明神」と尊称され、かつては江戸湾を往く船の守護神でした。

社殿は鎮守の杜に囲まれた小高い丘の上にあります。長い石段を上ると、横幅があり、力強く豪壮で風格のある拝殿が、目の前に大きく見えてきます。

御祭神　素盞嗚尊・宇迦之御魂神・伊弉冉尊
御利益　八方除・開運・良縁成就

千葉県千葉市花見川区検見川町1-1
043-273-0001
京成線検見川駅から徒歩1分　御朱印300円
／8時30分～17時30分／社務所で授与

生き生きとした大杉の押し印が美しい

- 右の字…奉拝
- 右下の字…式内社
- 右下の印…下総國
- 中央上の印…本宮
- 中央の字…麻賀多神社
- 中央の印…天然記念樹・大杉・成田市台方・麻賀多神社
- 左下の印…麻賀多神社社務所印

麻賀多神社《まかたじんじゃ》

千葉県成田市　地図P6

約1700年前、応神天皇の命で印旛国造《いんばのくにのみやつこ》としてこの地に来た伊都許利命《いつこりのみこと》は、日本武尊が大木の根本に埋めた7つの玉を稚日霊命《わかひるめのみこと》の御霊示によって掘り起こし、麻賀多大神《まかたのおおかみ》として祀りました。印旛沼の東岸から南岸にかけて同名の神社が18社点在し、台方《だいかた》にある当社が本宮です。

拝殿の左奥にそびえる大杉の推定樹齢はなんと1400年。東日本一とされる古樹で、離れて見ても全体がとらえきれない大きさに、思わず息をのみます。

⛩御祭神　稚産霊命
⛩御利益　五穀豊穣・安産子育・病気平癒

千葉県成田市台方1　0476-28-5736
京成線公津の杜駅からタクシー 10分
御朱印300円／8時～14時30分（毎月1日・15日のみ受付）／社務所で授与

諏訪の守護神のごとく大きく迫力ある文字

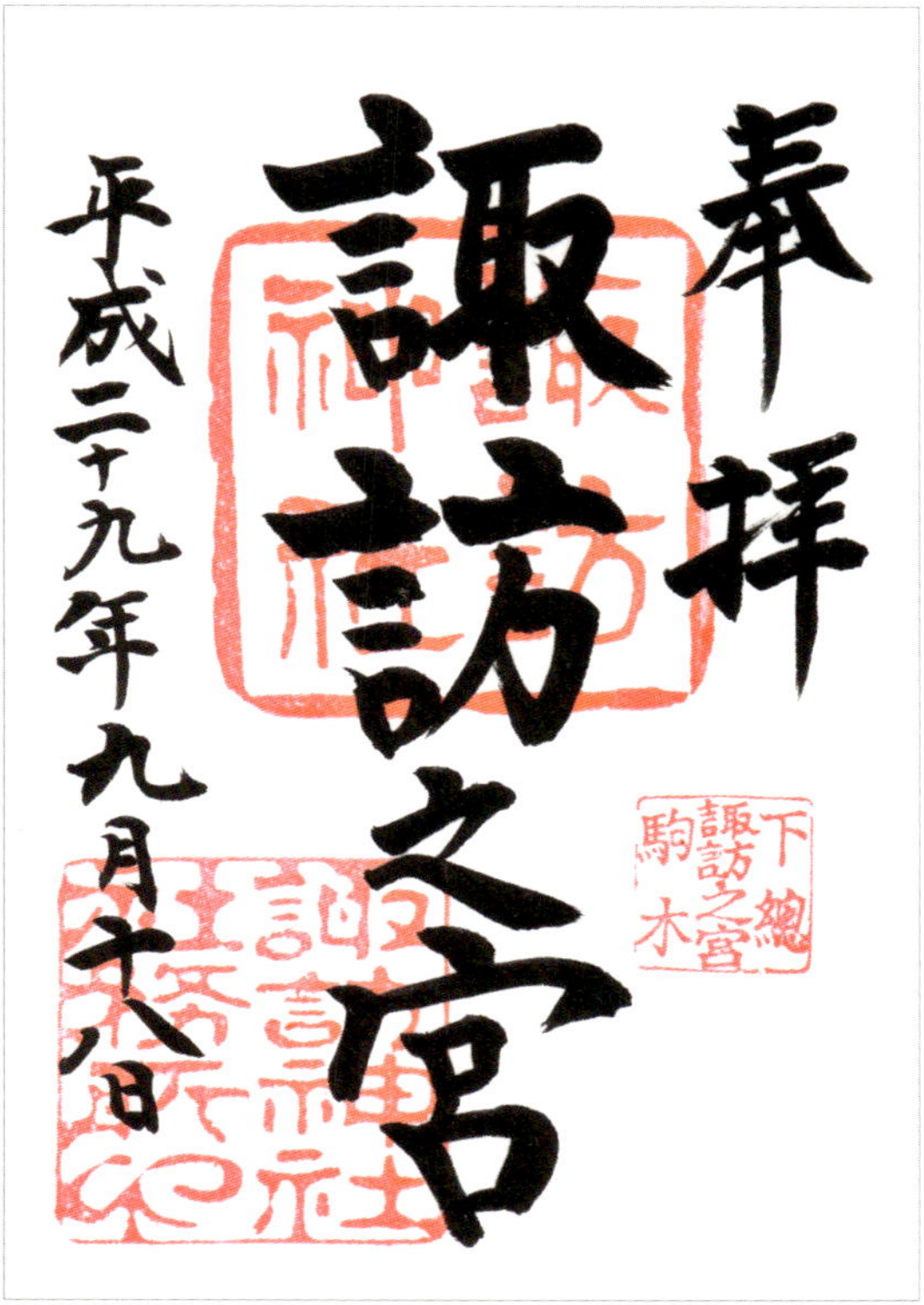

● 右の字…奉拝
● 右下の印…下総諏訪之宮駒木
● 中央の字…諏訪之宮
● 中央上の印…諏訪神社
● 左下の印…諏訪神社社務所印

駒木《こまぎ》諏訪《すわ》神社《じんじゃ》

千葉県流山市　地図P7

大同《だいどう》2年（807）、高市皇子《たけちのみこ》の後裔《こうえい》は肥沃な土地を求め歩くうちにこの地にたどり着き、永住の地と定め、開墾の神・諏訪大神《すわだいじん》を迎え祀ったことが創始と伝えます。

約1万坪の境内には豊かな杜が広がり、万葉集の歌碑、お母さんと3人の子の姿がほほえましい「七五三詣りの像」、源義家《みなもとのよしいえ》が乗馬と馬具を献じた逸話をテーマとした「義家献馬の像」など、至る所にオブジェがあり、まるで鎮守の杜の美術館といった趣です。

御祭神　健御名方富命
御利益　家運隆昌・五穀豊穣・無病息災

千葉県流山市駒木655　04-7154-7377
東武野田線豊四季駅から徒歩5分
御朱印300円／9時～16時／社務所で授与

意富比神社《おおひじんじゃ》（船橋大神宮《ふなばしだいじんぐう》）

千葉県船橋市　地図P7

日本武尊が東国平定の折、海上に浮かぶ一艘の船の中で見つけた神鏡を祀ったのが神社の創始です。船橋大神宮として親しまれていますが、意富比神社が正式な社名です。意富比神は「大日神」、すなわち古代の太陽神でした。中世のある時期、最高の太陽神・天照皇《あまてらすすめ》大御神《おおみかみ》を祀る伊勢神宮に同化したと考えられています。

徳川家康が子どもたちの相撲を供覧《きょうらん》したのが起源と伝わる奉納相撲が、境内の土俵で毎年10月に開かれます。

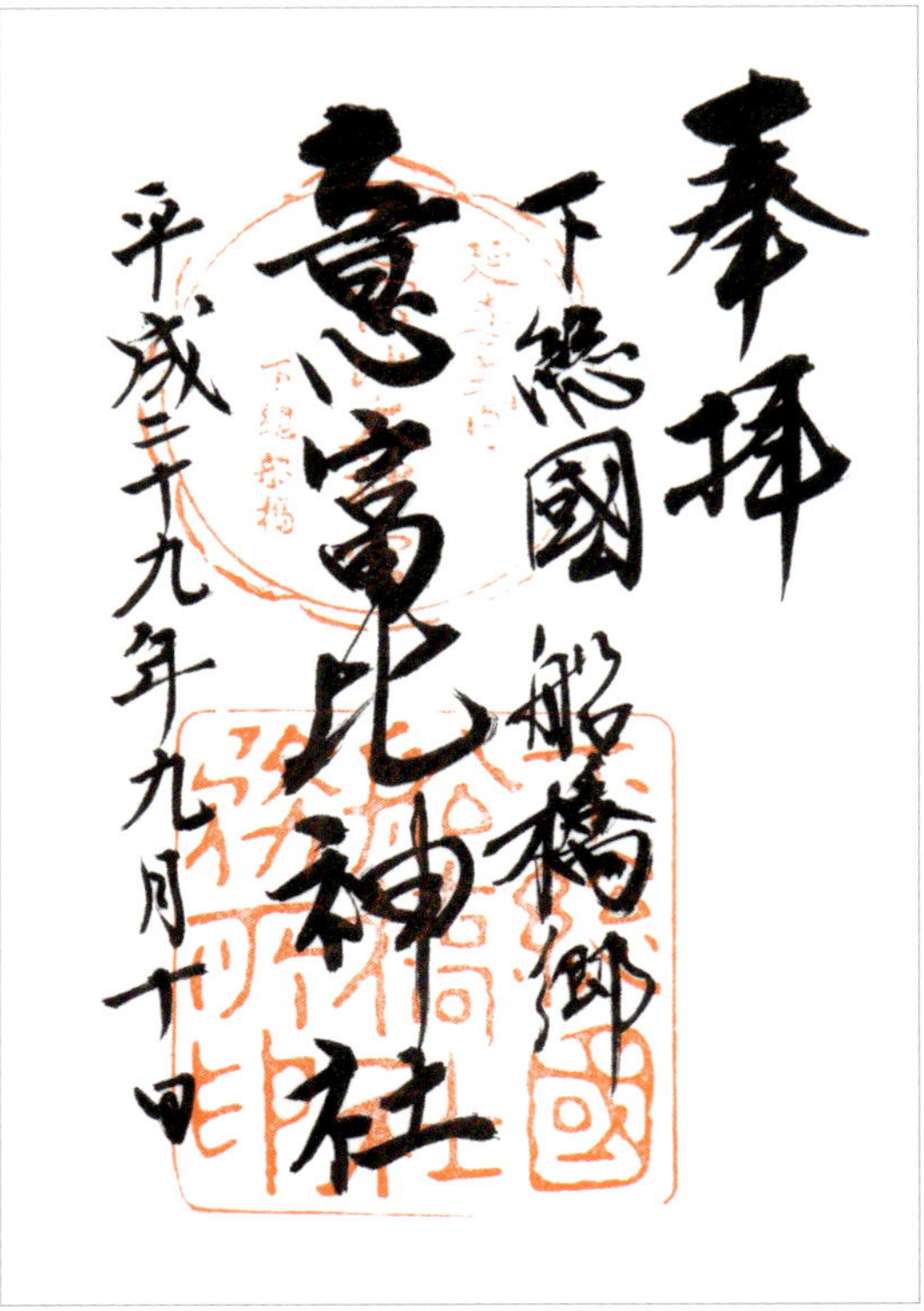

八咫鏡がモチーフの印に流麗な文字が美しい

- 右の字…奉拝・下総國船橋郷
- 中央の字…意富比神社
- 中央上の印…八咫鏡（延喜式内・意富比大神宮・下総船橋）
- 中央下の印…下総國船橋社務所印

⛩御祭神　天照皇大御神
⛩御利益　除災招福・病気平癒

千葉県船橋市宮本5-2-1　047-424-2333
京成線大神宮下駅から徒歩3分
＊御朱印300円／9時～16時30分／社務所で授与

季節で色が変わる素盞鳴命の御神影

- 右の字…奉拝・埼玉県川口市青木鎮座
- 右下の印…埼玉縣鎮守氷川神社川口市
- 中央の字…鎮守氷川神社
- 中央の印…鎮守氷川神社
- 左下の印…素盞鳴命の御神影

鎮守氷川神社《ちんじゅひかわじんじゃ》

埼玉県川口市　地図P7

室町時代初期の創建で、素盞鳴命と櫛稲田姫命の夫婦神をお祀りしています。素盞鳴命は八《や》岐《また》の大蛇《おろち》を退治したことから厄祓い・厄除けとして信仰され、また夫婦神として縁結び・安産・子育て祈願に訪れる人も多い神社です。

境内の御神木「大《おお》欅《けやき》」は樹齢400年を超え、抱きつくと「大いなる力をいただける」ことから「元気の木」といわれています。御朱印の素盞鳴命の力強い御神影の色は、春は緑、夏は青、秋は赤、冬は紫に変わります。

▲厄割石にぶつけて厄を落とす「厄割玉」

⛩御祭神　素盞鳴命・櫛稲田姫命
⛩御利益　厄祓い・厄除け・夫婦和合

埼玉県川口市青木5-18-48　048-252-5483
JR京浜東北線西川口駅から徒歩25分
御朱印500円／9時～16時30分／社務所で授与

シンプルな御朱印に
心和む

●右の字…東国三社
●中央の印…息栖神社
●中央下の印…三笠宮家奉納の家紋

息栖神社《いきすじんじゃ》

茨城県神栖市 地図P6

　鹿島神宮（P82）・香取神宮（P78）とともに「東国三社」として信仰を集める神社。道の神、井戸の神である久那戸神《くなどのかみ》と相殿の天乃鳥船《あめのとりふね》神《のみこと》は、鹿島・香取の神を導く働きをした神様です。

　この神社の御神体は境外にある不思議な井戸。常陸利根川《ひたちとねがわ》に面して「忍潮井《おしおい》」という二つの井戸が祀られ、それぞれ男瓶（銚子形）、女瓶（土器形）が沈んでいるのが見えると幸運が舞い込むといいます。海水を押しのけて真水が湧く、日本三霊泉の一つです。

▲御神体「忍潮井」のうちの女瓶

御祭神　久那戸神（岐神）・天乃鳥船・住吉三神
御利益　厄除け・交通安全・海上守護

茨城県神栖市息栖2882　0299-92-2300
東京駅から高速バスかしま号で1時間30分、鹿島セントラルホテル下車、タクシー5分／JR鹿島線鹿島神宮駅からタクシー20分
御朱印500円／9時～16時／社務所で授与

金運・商売繁盛

華やかで明るい御朱印がまさに福を呼んでくれそう

4色の御神紋が鮮やか！どのお願いもかなえそう

- 右の字…東京新橋鎮座
- 中央の字…烏森神社
- 中央の印…社紋（烏・森・稲・烏森神社）
- 四隅の印…社紋（三つ巴）

烏森神社《からすもりじんじゃ》

東京都港区　地図P7

新橋駅近くの烏森通りから一本入った路地が烏森神社の参道です。平安時代、藤原秀郷《ふじわらのひでさと》が東《とう》夷《い》征伐を稲荷神社に祈願したところ、白狐より一本の矢を授かり、無事に成就したことからそのお礼に創建しました。

御朱印の赤い社紋は恋愛、黄は金運、青は仕事、緑は健康を表し、願い札に願い事を書き奉納する「心願色みくじ」もこの4色です。

◀夏越大祓の御朱印

⛩御祭神　倉稲魂命・天鈿女命・瓊々杵尊
⛩御利益　勝負運・商売繁盛・芸能上達

東京都港区新橋2-15-5　03-3591-7865
JR山手線・東京メトロ銀座線新橋駅から徒歩2分
＊御朱印500円／受付時間は神社公式HPのツイッター欄で案内／社務所で授与

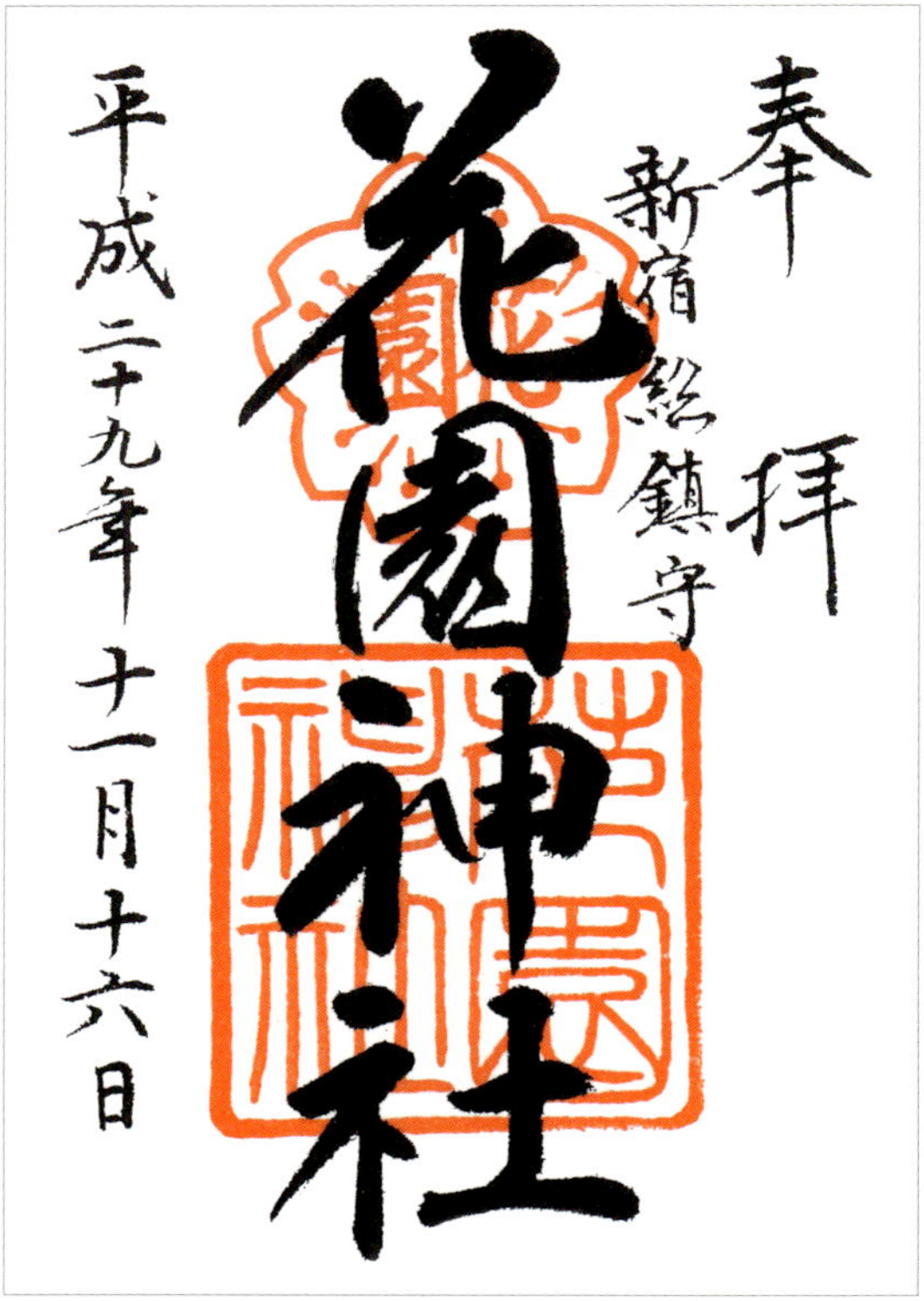

社名にちなむ桜の押し印

●右の字…奉拝
●中央の字…新宿総鎮守・花園神社
●中央上の印…社紋（桜・花園）
●中央下の印…花園神社

花園神社《はなぞのじんじゃ》

東京都新宿区　地図P7

江戸開府（１６０３年）以前から新宿の総鎮守として信仰を集め、寛永《かんえい》年間までは現在の伊勢丹新宿店の近くにありました。11月の酉の市は有名で、商売繁盛の熊手を商う露店が境内を埋め尽くし、参拝客が押し寄せる様は壮観です。

社殿は江戸時代から幾度も大火によって焼失の被害に遭い、再建のため境内に劇場を作り見世物や演劇などを催しました。そのため芸能とも縁が深く、現在でも新しい文化を育む発信地となっています。

⛩御祭神　**倉稲魂神・日本武尊・受持神**
⛩御利益
商売繁盛・芸道成就

東京都新宿区新宿5-17-3　03-3209-5265
東京メトロ丸ノ内線・副都心線、地下鉄都営新宿線新宿三丁目駅からすぐ
御朱印300円／9時～18時／社務所で授与

江戸の文化を伝える火防守護の奴凧

●右の字…火防御守護
●右上の印…奴凧
●中央の字…王子稲荷神社
●中央の印…王子稲荷神社
●左下の印…王子稲荷社務所

王子稲荷神社《おうじいなりじんじゃ》

東京都北区　地図P6

およそ1000年前に岸稲荷として祀られ、源頼義《みなもとのよりよし》が前九年《ぜんくねん》の役《えき》の奥州《おうしゅう》追討の折に深く信仰し、関東稲荷総司としてあがめたと伝わっています。江戸時代には徳川将軍家の祈願所として栄え、庶民の間にも商売繁盛・火防《ひぶ》せの神様として広く知れわたりました。

御朱印にある奴凧《やっこだこ》の由来は、江戸時代の火消《ひけし》の印袢纏《しるしばんてん》と結びついたもの、あるいは凧は風を切ることから「火防守護の御守」になった、などと言い伝えられています。

⛩御祭神　宇迦之御魂神・宇気母智之神・和久産巣日神
⛩御利益　商売繁盛・産業守護・火防せ

東京都北区岸町1-12-26　03-3907-3032
JR京浜東北線・東京メトロ南北線・都電荒川線王子駅から徒歩7分　御朱印400円／9時〜17時（担当者がいるとき）／社務所で授与

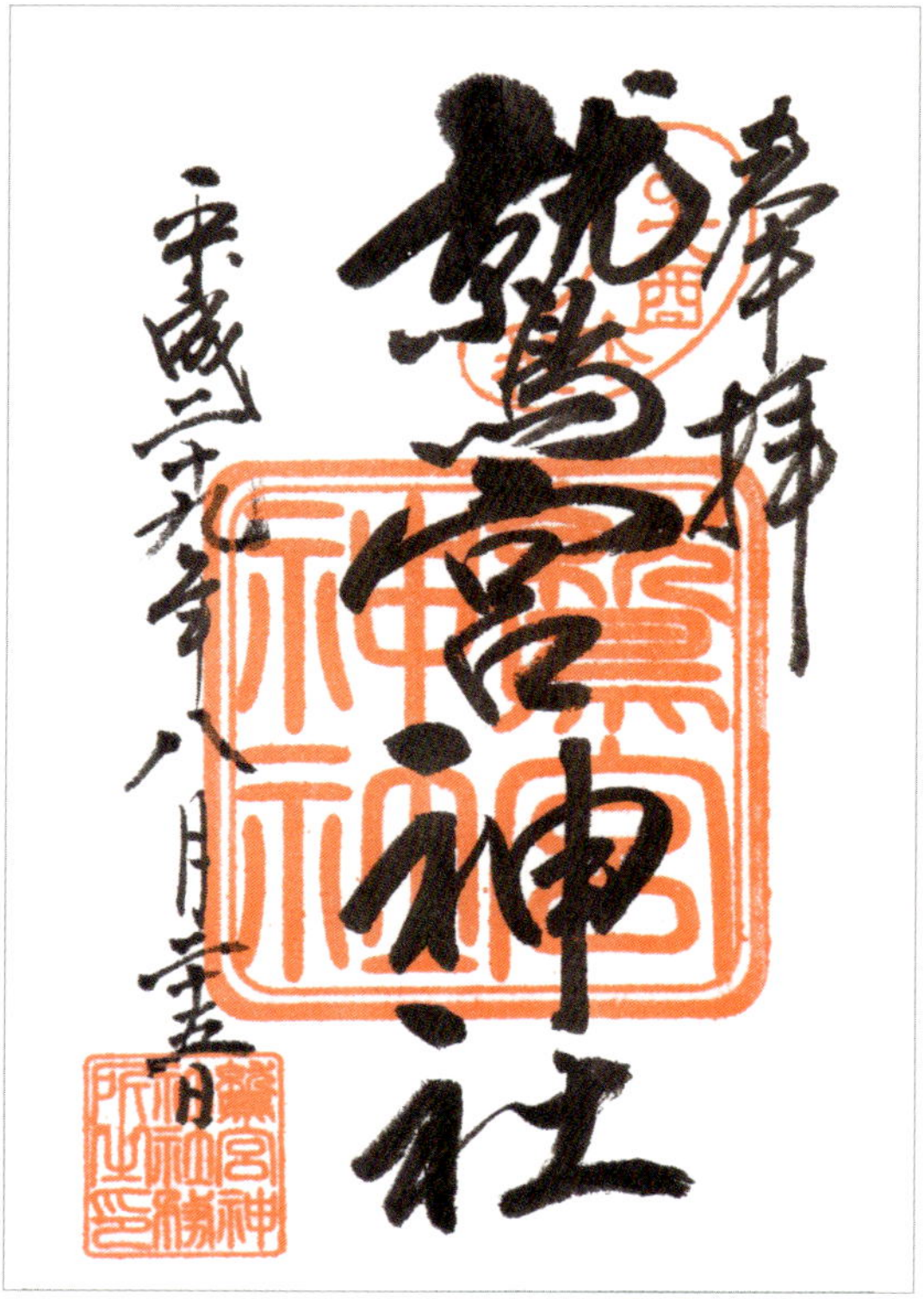

鷲の羽ばたきのような
流麗な筆遣い

- 右の字…奉拝
- 中央の字…鷲宮神社
- 中央上の印…勾玉（大酉本社）
- 中央の印…鷲宮神社
- 左下の印…鷲宮神社社務所之印

埼玉県久喜市　地図P7

鷲宮神社《わしのみやじんじゃ》

神代に創建されたという由緒を持つ関東最古といわれる古社。天照大神の二男・天穂日命《あめのほひのみこと》が出雲から部族を率いて移住し、出雲神・大己貴命を祀ったのが起源です。いわば神様が神様を祀った神社ですが、のちに天穂日命と御子神の武夷鳥命《たけひなとりのみこと》も御祭神となりました。

中世には源氏《げんじ》一族や織田信長、徳川家康など、数多くの武将が武運長久を願って神領を寄進したり、社殿を造営しました。合祀された神々も多く、万能の御利益のある神社です。

御祭神　天穂日命・武夷鳥命・大己貴命
御利益　商売繁盛・金運・厄除け・縁結び・交通安全・家内安全

埼玉県久喜市鷲宮1-6-1　0480-58-0434
東武伊勢崎線鷲宮駅から徒歩8分
御朱印500円／9時～17時／社務所で授与

「神光」の文字が目を引く
金運の神様

- 右の字…神光
- 右下の印…左三つ巴紋・下妻宮
- 中央の字…大寶八幡宮
- 中央の印…大寶八幡宮

大宝八幡宮《だいほうはちまんぐう》

茨城県下妻市　地図P7

中世の大宝城の跡（国史跡）に鎮座。大宝《たいほう》元年（701）に宇佐神宮《うさじんぐう》を勧請《かんじょう》した、関東最古といわれる八幡様です。黄金を表す「大宝」の名のとおり、財運招福の神様として信仰を集め、境内の絵馬や願石《ねがいいし》には「宝くじに当たりますように」の文字も多く見られます。

天正《てんしょう》5年（1577）築、三間社流造《さんげんしゃながれづくり》の本殿は国の重要文化財に指定されています。また境内の「あじさい神苑」では、6月下旬ごろに色鮮やかなアジサイの花の競演が楽しめます。

御祭神　誉田別命・足仲彦命・気長足姫命
御利益　家内安全・商売繁盛・宝くじ当選祈願

茨城県下妻市大宝667　0296-44-3756
関東鉄道常総線大宝駅から徒歩3分
＊御朱印300円／8時30分～17時／社務所で授与

「相模國六社」&「延喜式内 相模十三社」めぐり

御朱印帳を持って小旅行！ 相模国の古社を参拝しよう

相模国《さがみのくに》は、645年の大化《たいか》の改《かい》新《しん》の際に設置された国で、現在の神奈川県の大部分を占めていました。海側に東海道が通り、古くから人や物資が盛んに行き来し、また鎌倉幕府成立以降は、武家文化とも強いかかわりをもってきた地域です。

相模国には一之宮から四之宮まで存在し（寒川《さむかわ》神社、川勾《かわわ》神社、比々多《ひびた》神社、前鳥《さきとり》神社）、一國一社の八幡宮《はちまんぐう》（平塚《ひらつか》八幡宮）、それに総社《そうじゃ》（六所《ろくしょ》神社）をあわせて「相模國六社」と称します。

相模國六社では「相模國六社御朱印めぐり」を実施しており、専用の御朱印帳（無料頒布《はんぷ》）に御朱印を書いていただけます（初穂料は神社により異なります）。

また、平安中期に編纂・施行された法典「延喜式《えんぎしき》」に登載されている、相模国内の神社は13社あります。この13社をめぐる「延喜式内 相模十三社めぐり」も人気を集めています。いずれも1000年以上の歴史をもつ古社です。

いにしえの面影を秘め、御利益もさまざまな「相模國六社」や「延喜式内 相模十三社」をめぐってみてはいかがでしょう。

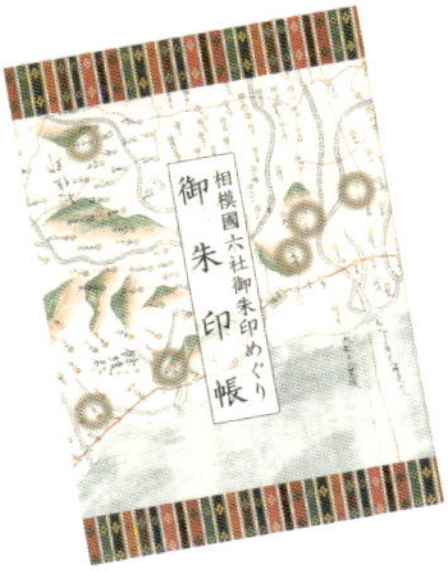

「相模國六社御朱印めぐり」専用の御朱印帳

⛩ 相模國六社

一之宮	**寒川神社**	**（寒川町）**
	▶御朱印はP45	
二之宮	**川勾神社**	**（二宮町）**
三之宮	**比々多神社**	**（伊勢原市）**
	▶御朱印はP25	
四之宮	**前鳥神社**	**（平塚市）**
	▶御朱印はP24	
八幡宮	平塚八幡宮	（平塚市）
	▶御朱印はP46	
総　社	六所神社	（大磯町）

⛩ 延喜式内 相模十三社

深見《ふかみ》神社	（大和市）
宇都母知《うつもち》神社	（藤沢市）
大庭《おおば》神社	（藤沢市）
有鹿《あるか》神社	（海老名市）
小野《おの》神社	（厚木市）
高部屋《たかべや》神社	（伊勢原市）
寒川神社	**（寒川町）**
前鳥神社	**（平塚市）**
石楯尾《いわたてお》神社	（相模原市）
大山阿夫利《おおやまあふり》神社	（伊勢原市）
▶御朱印はP76	
比々多神社	**（伊勢原市）**
川勾神社	**（二宮町）**
寒田《さむた》神社	（松田町）

＊太字は両方に属している神社

美しい御朱印帳

バッグに入れて持ち歩きたい!

神社オリジナルの御朱印帳を集めました。由来や特色にちなんだ柄はどれも個性的。美しい織り地や刺繍も目を引きます。

表

駒木諏訪神社《こまぎすわじんじゃ》

千葉県 ▶ 御朱印は P49

　奥州平定を成した源義家《みなもとのよしいえ》が、乗馬と馬具を諏訪大神に献じたというエピソードをもとに、長崎市の「平和記念像」で有名な北村西望《きたむらせいぼう》が制作した「義家献馬の像」が色鮮やかな紫の地に描かれています。裏表紙には諏訪神社の神紋である「梶の葉」があしらわれています。初穂料 2000 円(御朱印込)

裏

武蔵御嶽神社《むさしみたけじんじゃ》

東京都 ▶ 御朱印は P44

　表紙は朱塗りの社殿と奥の院、裏表紙は日本武尊《やまとたけるのみこと》を導いたとされる狼の神様「大口真神《おおくちまかみ》」が描かれています。狛犬のように向かい合う姿が特徴的。ひと目で信仰の対象がわかる図柄です。初穂料 1000 円

裏

表

※初穂料…御朱印帳の価格

表

裏

検見川神社《けみがわじんじゃ》

千葉県 ▶ 御朱印は P47

検見川はかつて漁業で栄えた港町でした。描かれているのは打瀬船《うたせぶね》とよばれる大型帆船で、主に貝を採りました。岬の赤い鳥居が検見川神社です。漁師は神社を目印にして船を出していたことから、航海安全の守護神となりました。初穂料 1200 円

一之宮貫前神社《いちのみやぬきさきじんじゃ》

群馬県 ▶ 御朱印は P36

下り参道と、その先に建つ華麗な楼門が描かれている御朱印帳です。青地に楼門の朱色、木々の緑という三つの色のバランスが見事。裏表紙には社宝で国の重要文化財の白銅月宮鑑《はくどうげっくうかん》と菖蒲があしらわれています。
初穂料 1500 円（御朱印込）

裏

表

表

裏

櫻木神社《さくらぎじんじゃ》

千葉県 ▶ 御朱印は P30

美しい桜の大木のもとに御祭神を祀ったのが創始であることから、桜の木がシンボルとなり、桜の花を神紋としています。黒字に金・桃・白色の桜の花びらがちりばめられたデザインは、夜桜のように艶やか。
初穂料 1500 円（御朱印込）

大前神社《おおさきじんじゃ》

栃木県 ▶ 御朱印は P38

大前神社の御朱印帳といえば、なんといってもインパクト大のえびす様！　境内社・大前恵比寿神社の上に建つ特大のえびす様が優しく笑っています。右は御造替 1250 年記念の御朱印帳で、平成 29 年（2017）から 3 年間のみ授与される貴重なものです。初穂料各 1500 円

裏

表

裏

表

寒川神社《さむかわじんじゃ》

神奈川県 ▶ 御朱印は P45

八方除《はっぽうよけ》信仰の神社を象徴するように、表紙に天体の位置や星などを測定する渾天儀《こんてんぎ》、裏表紙に方位盤を描き、北極星や北斗七星などの星をちりばめた神秘的なデザインです。御朱印帳の色は黒と白があります。
初穂料 1500 円

表

裏

表

裏

一言主神社《ひとことぬしじんじゃ》

茨城県 ▶ 御朱印は P35

表紙は満月の夜を表す黒地に紅葉と桜の色が映え、裏表紙は満月が三日月に変わった、とても風情あふれる御朱印帳です。御朱印にも押印されている「三岐《みつまた》の竹」と社紋の「九曜《くよう》紋」も鮮やか。初穂料 1200 円

川越氷川神社《かわごえひかわじんじゃ》

埼玉県 ▶ 御朱印は P33

縁結びで知られる川越氷川神社では、月ごとの年中行事を「結び」であらわした神職手作りのお守り「まもり結び」を頒布しています。ご朱印帳もそれに合わせ色・柄ちがいで 12 種類あります。初穂料 1500 円

表

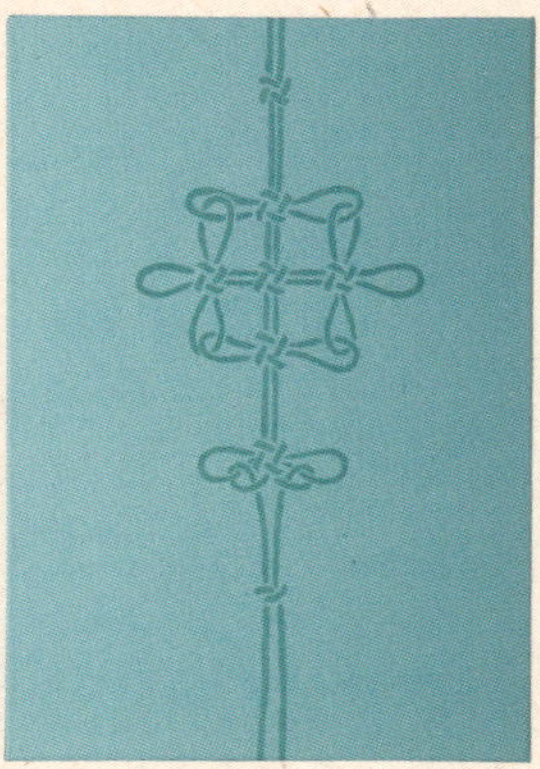

裏

表

裏

意富比神社《おおひじんじゃ》（船橋大神宮《ふなばしだいじんぐう》）

千葉県 ▶ 御朱印は P50

境内の高台に立つ和洋折衷のデザインの灯明台は明治時代、政府公認の私設灯台として活躍していました。裏表紙は「諸国名所百景」をモチーフにしたもの。往時は石段上から海が見えたことがうかがえます。
初穂料 1200 円

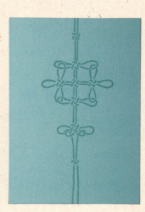

川越八幡宮《かわごえはちまんぐう》

埼玉県 ▶ 御朱印は P32

良縁・夫婦円満にご利益がある神社らしく、八幡様の御神鳥である鳩 2 羽と、御神木の縁結びイチョウが刺繍《ししゅう》された愛らしいデザインです。色はかわいらしいピンクと水色があります。
初穂料 1500 円（御朱印込）

表

裏

鎮守氷川神社《ちんじゅひかわじんじゃ》

埼玉県 ▶ 御朱印は P51

表紙には迫力ある素盞嗚尊《すさのおのみこと》のシルエットが描かれています。裏面は石見神楽《いわみかぐら》のヤマタノオロチ退治がモチーフ。素盞嗚尊と櫛稲田姫《くしいなだひめ》の姿がとても色鮮やかです。夫婦神である二柱のお名前の間に小さなハートマークが。初穂料 1500円（御朱印込）

表

裏

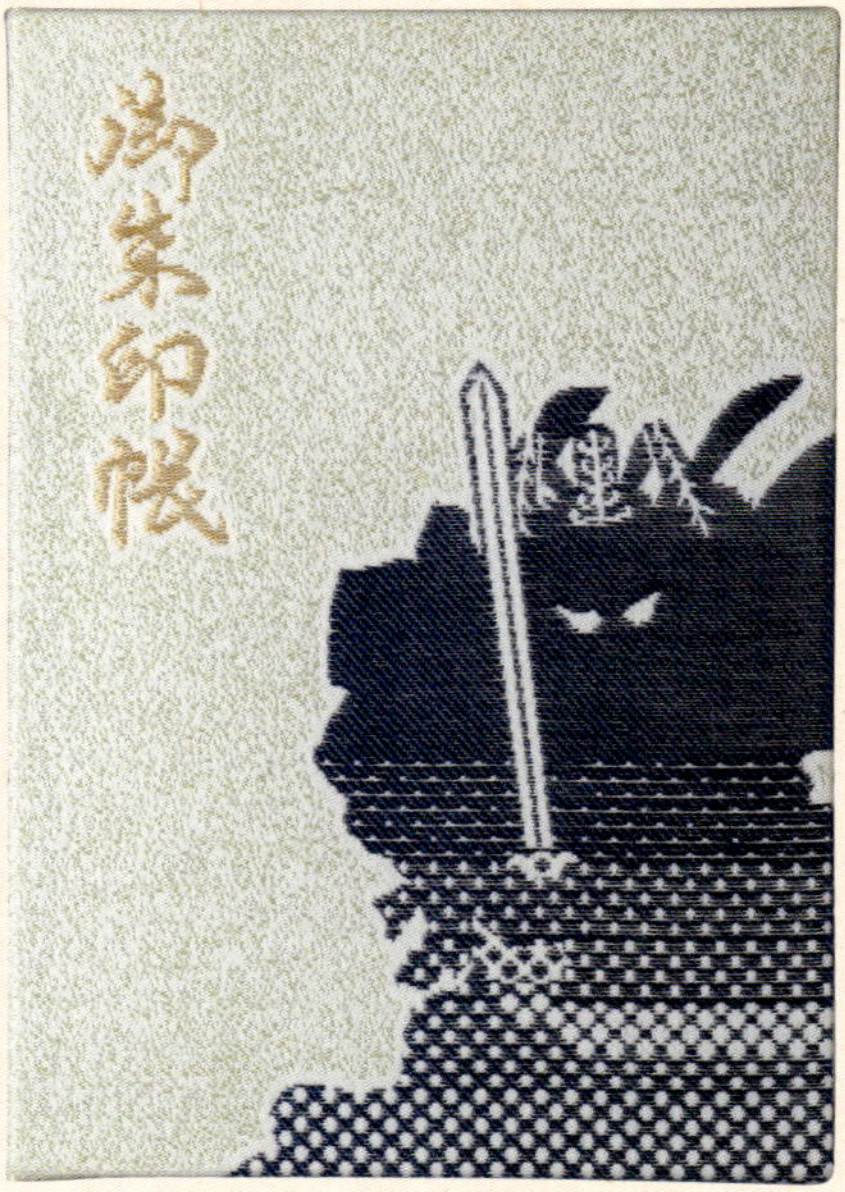

前鳥神社《さきとりじんじゃ》　神奈川県 ▶ 御朱印は P24

地元平塚市の無形民俗文化財にも指定されている、秋の例大祭の神輿巡幸《みこしじゅんこう》の様子を描き、今にも担ぎ手が動き出しそうな感じです。毎年、9月28日に行われる神輿の宮入り神事は古式に則った伝統行事として、多くの参詣者でにぎわいます。初穂料 1500円

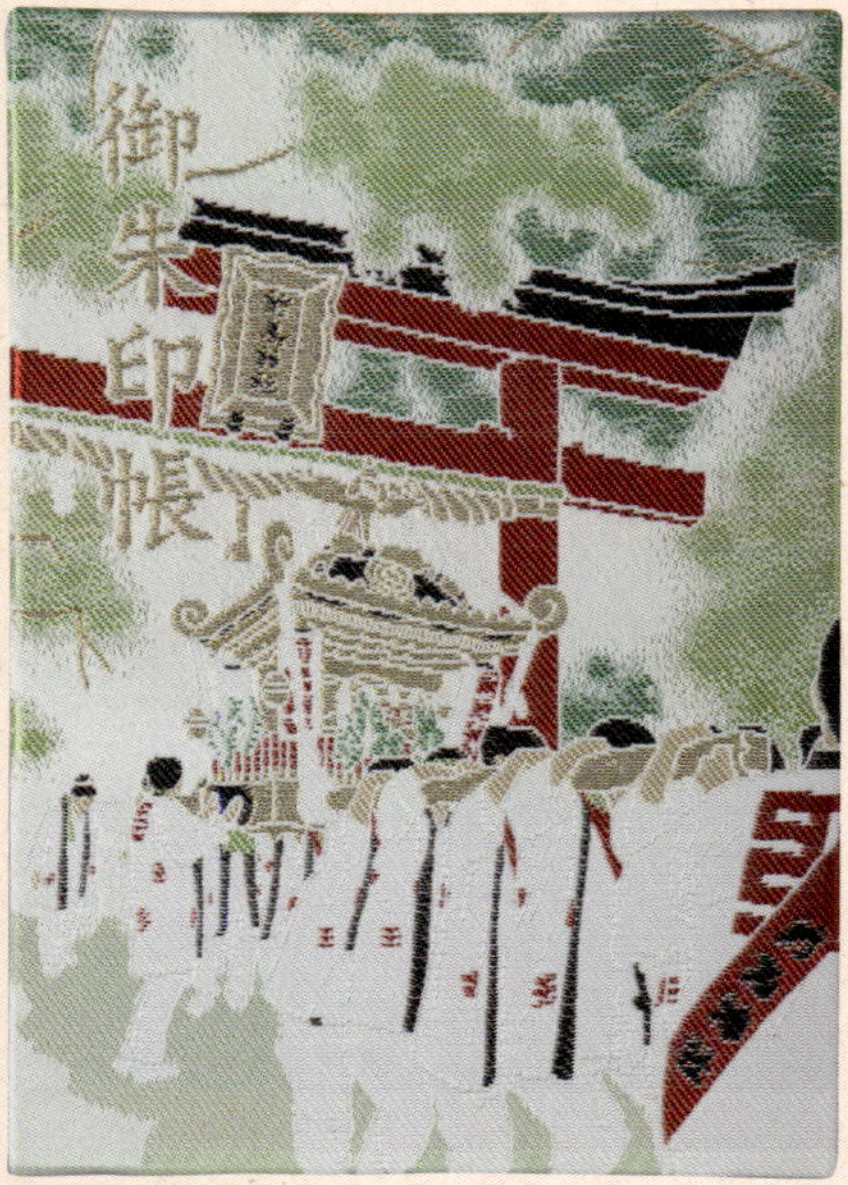

表

裏

葛飾八幡宮《かつしかはちまんぐう》　千葉県 ▶ 御朱印は P26

御神木である千本公孫樹《せんぼんいちょう》の黄金色に輝く葉が表紙一面に広がって、とても鮮やか。裏表紙の扁額の文字は神使である鳩が八の字を描き、イチョウの葉がちりばめられた、雅やかなデザインです。初穂料 1000円

表

裏

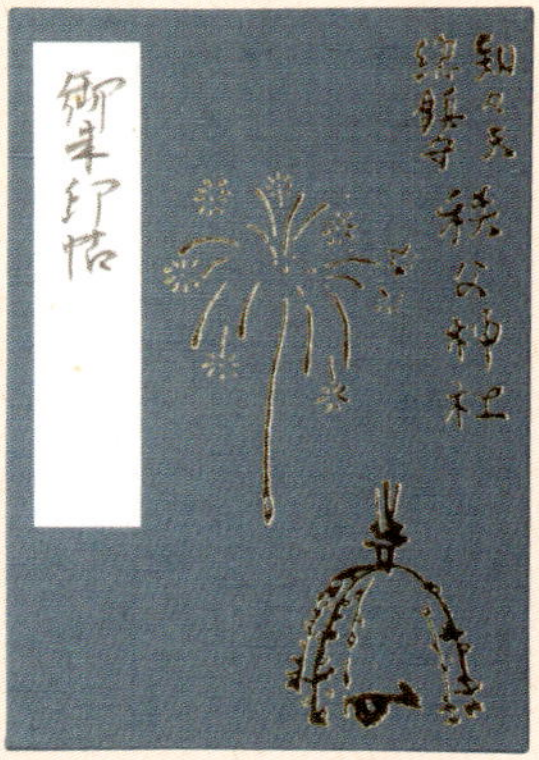

表

裏

秩父神社《ちちぶじんじゃ》

埼玉県 ▶ 御朱印は P27

ユネスコの世界無形文化遺産に登録された、秩父神社の例大祭「秩父夜祭」を象徴する笠鉾《かさほこ》の花笠と、打ち上げ花火を金糸で描写した上品な装丁です。台紙には和紙を使用しています。初穂料 1500 円（御朱印込）

大宝八幡宮《だいほうはちまんぐう》

茨城県 ▶ 御朱印は P57

木目の美しい栓《せん》（ハリギリ）をカバーに使用した、高級感あふれる御朱印帳です。通常の御朱印帳のほか、春は桜、夏はアジサイ、秋は菊（写真）、冬はイチョウの焼印を表紙に押した季節ごとの御朱印帳があります。
初穂料 1200 円

表

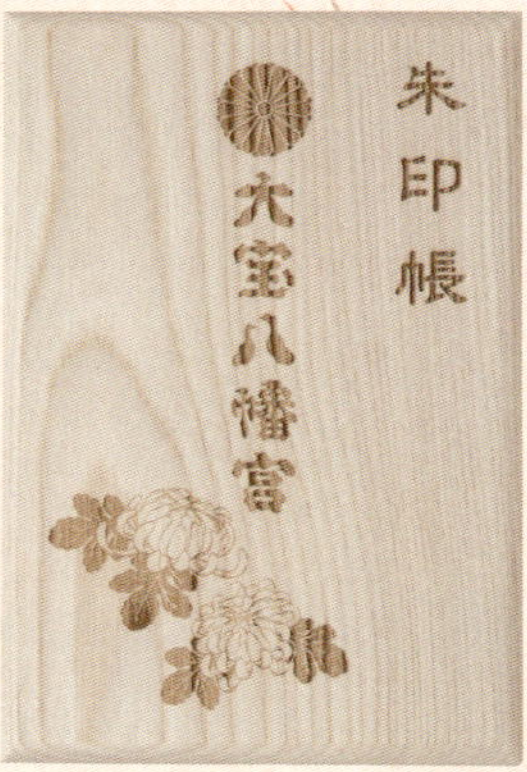

裏

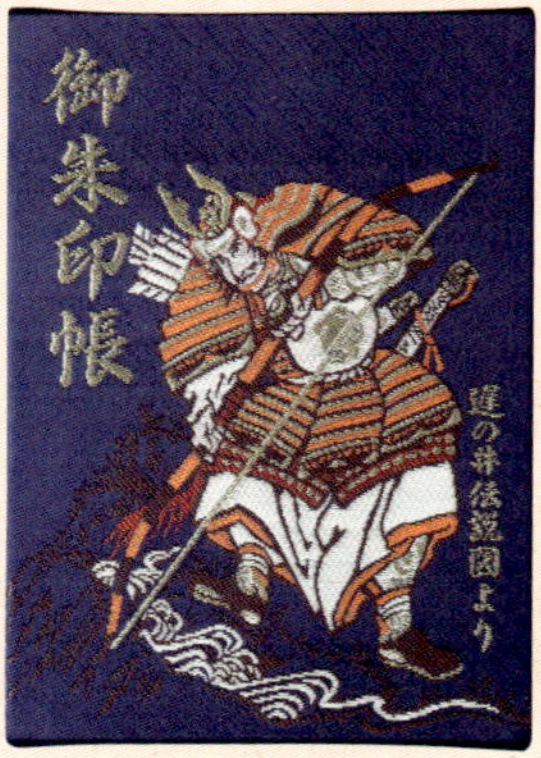

表

裏

井草八幡宮《いぐさはちまんぐう》

東京都 ▶ 御朱印は P21

井草八幡宮に伝わる「遅《おそ》の井《い》伝説図」を元にした図柄です。天保《てんぽう》 11 年（1840）に上井草村の本橋氏が奉納した板絵で、区の指定文化財です。源頼朝《みなもとのよりとも》公が弓で井戸を掘り当てた瞬間を描いています。初穂料 1500 円

1.

2.

3.

かわいいお守り その1

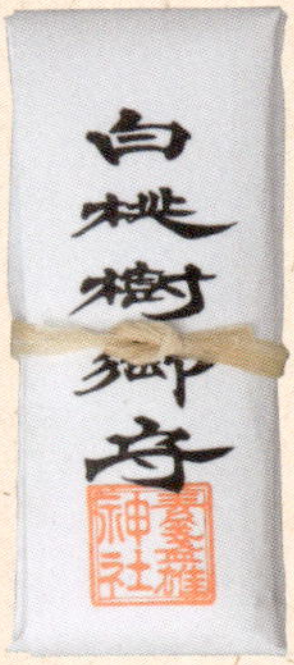

4.

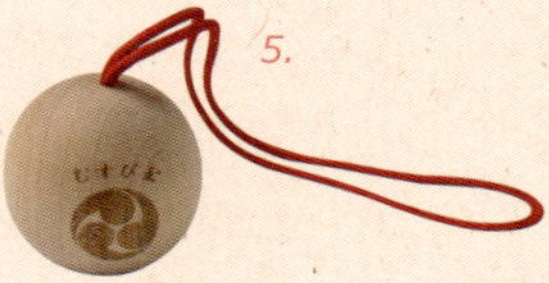

5.

6.

川越氷川神社《かわごえひかわじんじゃ》　埼玉県 ▶ 御朱印は P33

1. 縁結び玉

毎朝8時から一日20体限定で頒《はん》布《ぷ》。本殿前の玉砂利を巫《み》女《こ》が毎日拾い集め、麻の網に包んだのち、神職がお祓いをしています。初穂料無料

川越八幡宮《かわごえはちまんぐう》　埼玉県 ▶ 御朱印は P32

2. 絆守

御神木の縁結びイチョウにちなみます。一対のお守りをそれぞれに持つことで夫婦、恋人、仲間の絆を深めます。初穂料 800 円

亀有香取神社《かめありかとりじんじゃ》　東京都 ▶ 御朱印は P19

3. 健康美脚守

御祭神の岐大神《くなどのおおかみ》は足腰健康の神様です。「健康は足元から」「女性の美は健康から」という思いを込め、舞妓さんが履く駒ゲタを模した御守です。　初穂料 500 円

素盞雄神社《すさのおじんじゃ》　東京都 ▶ 御朱印は P39

4. 白桃樹御守《はくとうじゅおまもり》

4月8日の疫神祭に江戸時代から伝わる災厄除けのお守り。古来、邪気を払う霊力をもつと伝わる桃の木のお守りを4月1日～8日の間、特別に授与します。　初穂料 600 円

髙城神社《たかぎじんじゃ》　埼玉県 ▶ 御朱印は P34

5. むすび玉

3cm ほどの木製の玉の中に願いごとを書いて入れ、神社に納めます。目標を書いて身に付ける人もいるそうです。　初穂料 500 円

妻戀神社《つまこいじんじゃ》　東京都 ▶ 御朱印は P29

6. 恋守（縁結び「恋」）

「妻戀明神」と号し、縁結び・恋愛成就の神様として人気の神社です。絵柄のかわいい恋守の色は赤と青の2種類あります。
初穂料 500 円

第2章

風光明媚な観光地で楽しむ、
御朱印拝受の一日さんぽ

江ノ電沿線

江の島・鎌倉
古社めぐり

湘南の風に吹かれながら、いにしえの神々を訪ねる

江の島・鎌倉といえば、関東でも屈指の聖地であり、また人気の観光地として知られています。古くから神仏に対する篤い信仰があり、多くの人々が参詣することを願った、憧れの地でした。そんな江の島・鎌倉のなかでもよく知られた五つの古社を、江ノ電に乗って訪ねてみましょう。

七里ヶ浜沿いに走る江ノ電。遠くに江の島が見える

海との深いつながりを思わせる江島神社と小動神社

江ノ電江ノ島駅から少し歩いて片瀬海岸の前に立つと、大きな江の島全体が目に入ってきます。ここから長い人道橋の江の島弁天橋を渡る途中、晴れていれば右手に富士山が見えます。昔はもちろんここに橋はなく、江戸時代の参詣者は、干潮時に陸が現れるのを待って江の島に渡りました。

江島神社《えのしまじんじゃ》は、奥津宮《おくつみや》に多紀理比《たぎりひ》売命《めのみこと》、中津宮《なかつみや》に市寸島比売命《いちきしまひめのみこと》、辺《へ》津宮《つみや》に田寸津比売命《たぎつひめのみこと》を祀ります。

宗像《むなかた》三女神として『古事記』や『日本書紀』にも登場するこの三姉妹の神は、江戸時代までは仏教の神・弁財天《べんざいてん》と習合されていたため、この神社も「江の島弁天」とよばれていました。弁財天としてのお姿は、今も辺津宮の隣の奉安殿《ほうあんでん》で見ることができます。

この弁天さまが、一帯を荒らしていた五頭の龍神を調伏したという伝説もあり、弁天さまは海の神・水の神として信仰されています。また弁財天の「財」または「才」の字から、金運や芸能運の神さまともされます。

御朱印は辺津宮のそばにある社務所でいただけますが、中津宮から山頂の奥津宮、龍神を祀る龍宮《わたつのみや》

江島神社《えのしまじんじゃ》

人道橋の江の島弁天橋（全長 389m）は明治時代に架けられ、のちに改修された。左は東京オリンピックの際に架橋された江の島大橋

江の島の玄関口にあたる辺津宮はその昔「下之宮」ともよばれていた

●右の字…相州江の島鎮座 ●中央の字…江島神社 ●中央上の印…神紋（波と鱗） ●中央の印…波・江島神社 ●左の字…奉拝 ●左下の印…琵琶・江嶋神社

●右の字…奉拝 ●中央の字…江の島弁財天・江島神社 ●中央上の印…神紋（波と鱗） ●中央の印…波・日本三弁天・江島辨財天・財寳福徳守護 ●右下の印…龍・日本三大弁財天・江島弁財天・相州江の島鎮座 ●左下の印…琵琶・江嶋神社

⛩御祭神　**多紀理比売命・市寸島比売命・田寸津比売命**

⛩御利益　**金運・商売繁盛・芸能上達**

神奈川県藤沢市江の島2-3-8

0466-22-4020　小田急線片瀬江ノ島駅または江ノ電江ノ島駅から徒歩15 ～ 20分

＊御朱印300円／8時30分～ 17時／社務所で授与

御朱印帳

表紙（右）は江の島に波しぶきと富士山、裏表紙（左）は社紋「向かい波三つ鱗」と鯛。初穂料 1500 円

や、島の最奥にある岩屋《いわや》（龍穴《りゅうけつ》）にまで足をのばしてみたいもの。有料エスカレーターもあります。

　江の島を後にして、小動《こゆるぎ》神社までは途中、東浜《ひがしはま》海水浴場の砂浜を歩いていくこともできます。海風

小動神社《こゆるぎじんじゃ》

小動神社は江の島が一望できる小動岬に建つ。太宰治はこの岬の先端で心中を図り、のちにその体験を小説にした

小動神社の社殿は鳥居に対して90度左を向くという、珍しい配置。狛犬は赤布の頬かむりをしている

● 右の字…奉拝
● 中央の字…小動神社
● 中央の印…小動神社

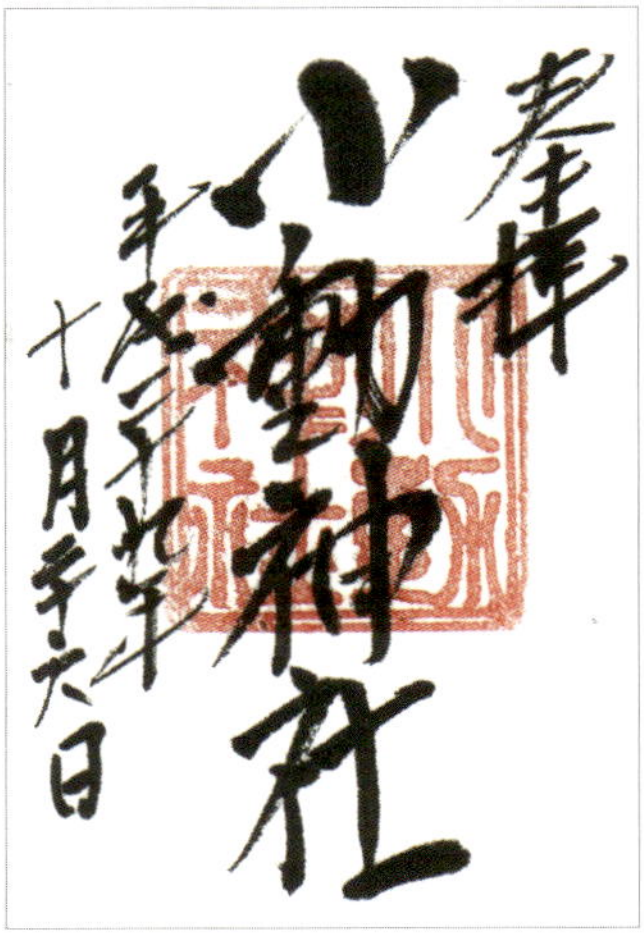

⛩御祭神　須佐之男命・建御名方神・日本武尊
⛩御利益　厄除け・商売繁盛・五穀豊穣・交通安全

神奈川県鎌倉市腰越2-9-12　0467-31-4566
江ノ電腰越駅から徒歩5分
＊御朱印300円／10時～17時／社務所で授与

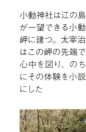

を心地よく受けながら、海に突き出した岬に建つ小動神社に着くと、境内の見晴台からは江の島を一望できます。風がなくても境内の松がそよいだという故事から「小動」という名を持つ神社です。

御祭神は、健速須佐之男命《たけはやすさのおのみこと》。源《みなもと》頼朝《よりとも》に仕えた佐々木盛綱《ささきもりつな》が近江《おうみ》(滋賀県)から勧請《かんじょう》したとされ、のちに新田義貞《にったよしさだ》が社殿を再興しています。対岸の江の島に鎮座する八坂《やさか》神社の御祭神は、もともと小動神社の神だったとされ、毎年7月の天王祭《てんのうさい》では、海中渡御《かいちゅうとぎょ》の後に「里帰り」する八坂神社のお神輿を出迎えるお祭りが8日間続きます。

武男を誇った武人を祀る御霊神社

小動神社最寄りの腰越《こしごえ》駅から再び江ノ電に乗って長谷《はせ》駅に向かうと、トンネルを出てすぐ左手に鳥居が見えます。御霊《ごりょう》神社の鳥居で

御霊神社《ごりょうじんじゃ》

御霊神社前の踏切を通過する江ノ電

平安末期の創建とされる古社で、境内社も数多く鎮座している

⛩御祭神　鎌倉権五郎景政
⛩御利益　勝負運・学業成就・眼病平癒

神奈川県鎌倉市坂ノ下3-17
0467-22-3251
江ノ電長谷駅から徒歩5分
御朱印300円／9時～17時／社務所で授与

● 右の字…奉拝・かまくら坂ノ下 ● 右の印…相模國鎌倉鎮座・祭神鎌倉権五郎景政 ● 中央の字…御霊神社 ● 中央の印…社紋（並び矢）・御霊神社 ● 左下の印…御霊神社・参拝記念・鎌倉

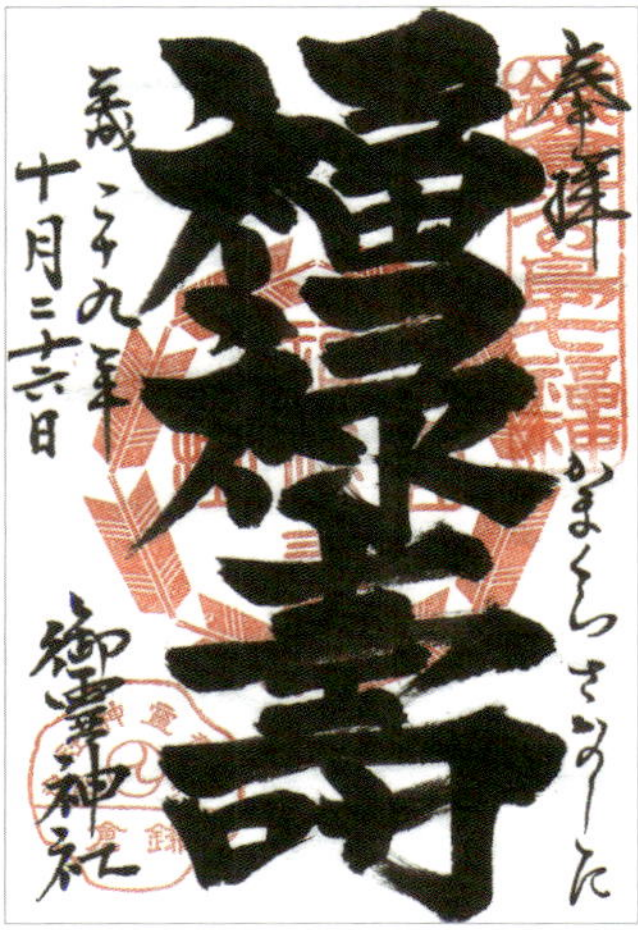

● 右の字…奉拝・かまくらさかのした ● 右上の印…鎌倉江の島七福神 ● 中央の字…福禄寿 ● 中央の印…社紋（並び矢）・御霊神社 ● 左下の字…御霊神社 ● 左下の印…御霊神社・参拝記念・鎌倉

す。参道を横切って踏切が設けられ、ゆっくり近づいてくる江ノ電が境内から見えることから、撮影スポットとして人気です。

御霊神社は、鎌倉権五郎景政《かまくらごんごろうかげまさ》を御祭神とします。当初は湘南一帯を領地とする、関東平氏《へいし》五家の祖霊を祀っていましたが、のちに鎌倉景政公ひとりが御祭神となりました。景政公は左目を射抜かれながらも敵を倒したという武勇伝の持ち主で、『吾妻鏡《あづまかがみ》』にも登場します。

水の神はここにも祀られていて、境内末社の石上《いしがみ》神社の御神体は由《ゆ》比ヶ浜《いがはま》の海中にあった岩だといいます。石上神社の7月の例祭の神事である海上渡御「御供《おとも》流し」を見ると、この岩は海の神が降臨した依代《よりしろ》だったのかもしれません。

御霊神社の例大祭でおこなわれる「面掛《めんかけ》行列」には、七福神の福禄寿も加わっていることから、福禄寿の御朱印もいただけます。

銭洗弁財天宇賀福神社《ぜにあらいべんざいてんうがふくじんじゃ》

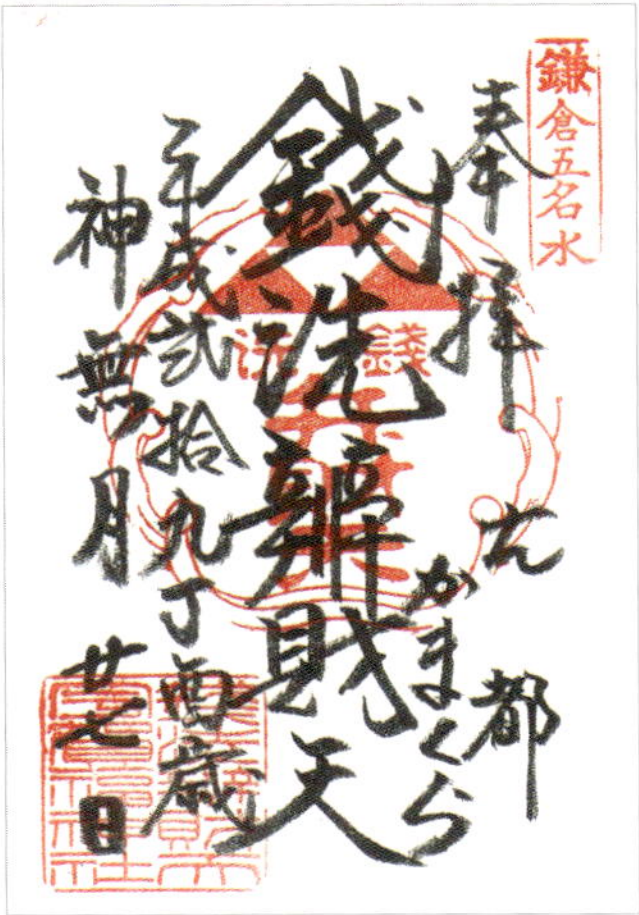

● 右の字…奉拝・古都かまくら ● 右の印…鎌倉五名水 ● 中央の字…銭洗辨財天 ● 中央の印…社紋（波に三つ鱗）・銭洗弁財天 ● 左下の印…銭洗弁財天宇賀福神社

神仏習合の名残のある銭洗弁天の拝殿。横には線香を供える香炉がある

⛩御祭神　市杵島姫命・宇賀神
⛩御利益　金運・商売繁盛

神奈川県鎌倉市佐助2-25-16
0467-25-1081　JR横須賀線または江ノ電鎌倉駅から徒歩25分　＊御朱印300円／8時～16時／社務所で授与

海辺から山麓の神社へ 銭洗弁天と鶴岡八幡宮

江ノ電を鎌倉駅で降り、源氏山《げんじやま》の方向に20分ほど上っていくと、山の中腹にある銭洗弁財天宇賀福《ぜにあらいべんざいてんうがふく》神社《じんじゃ》、通称・銭洗弁天に着きます。入り口は佐助ケ谷《さすけがやつ》の岩壁に穿《うが》たれたトンネルになっていて、そこをくぐり抜けた先にある境内には、隠れ里のような神秘的な雰囲気があります。

御祭神は宗像三女神の一人、市杵島姫命《いちきしまひめのみこと》すなわち弁天様。奥まった山腹にあるこの神社にも、水の神が祀られているのです。奥宮は洞窟の中にあり、御祭神は宇賀神《うがじん》。源頼朝がここに祀ったという宇賀神は、弁天様と習合した複雑な神格を持ち、蛇体であるともいわれます。実はこの銭洗弁天と江島神社の御朱印には、同じ意匠の神紋が押されています。波の中の三角形は龍や蛇の鱗《うろこ》を表すといわれ、弁天様を信仰していた北条氏の家紋もこれに似た「三つ鱗」です。

銭洗弁天の名のとおり、この洞窟から湧く霊水でお金を洗うと金運がアップするといわれています。

銭洗弁天とはJRの線路を挟んでちょうど反対側に、八幡神《はちまんしん》（応神《おうじん》天皇）を祀る鶴岡八幡宮《つるがおかはちまんぐう》があります。段葛《だんかずら》とよばれる長い参道を通って境内に入ると、高台に本宮《ほんぐう》（上宮）が見えてきます。境内には若宮《わかみや》（下宮）や源頼朝・実朝《さねとも》を祀る白旗神社《しらはたじんじゃ》、源氏池の中の島に旗上弁財天社《はたあげべんざいてんしゃ》もあり、弁財天の御朱印もいただけます。

頼朝公は鎌倉入りを果たすと、真っ先に源氏の氏神である八幡神を現在の地に遷《うつ》し祀りました。山を背に、眼前に海を見晴らすように神を祀る上下両宮の姿は、現在の鎌倉市街の中心になっています。関東総鎮守・鶴岡八幡宮で御朱印をいただいたら、小町《こまち》通りをのんびり歩きながら鎌倉駅へ戻りましょう。

鶴《つる》岡《がおか》八《はち》幡《まん》宮《ぐう》

上／旗上弁財天社には源氏のシンボル「二引きの白旗」がはためき、夫婦円満の祈願石・政子石がある　右／大石段と本宮。樹齢1000年といわれた大銀杏は平成22年(2010)に倒れてしまったが、現在はひこばえから育った若木が成長している

⛩御祭神　**応神天皇・比売神・神功皇后**
⛩御利益　**家運隆昌**

📍神奈川県鎌倉市雪ノ下2-1-31
📞0467-22-0315　👟JR横須賀線または江ノ電鎌倉駅から徒歩10分　✻御朱印鶴岡八幡宮500円、旗上弁財天社300円／6時30分～20時30分（旗上弁財天社は16時まで）／境内各所で授与

御朱印帳　巫女舞の御朱印帳（上）は女性に人気。本宮と参道の絵柄（左）もある。初穂料各1700円

鎌倉江の島七福神

室町時代ごろに始まったとされる七福神巡り。鎌倉・江の島では昭和57年（1982）に八つの社寺を巡る「八福神巡り」ができました。北鎌倉駅から始めるなら、浄智寺《じょうちじ》→鶴岡八幡宮・旗上弁財天社→宝戒寺《ほうかいじ》→妙隆寺《みょうりゅうじ》→本覚《ほんがく》寺《じ》→長谷寺《はせでら》→御霊神社、最後に二つめの弁財天の江島神社という、史跡見物や観光を兼ねたコースがおすすめです。専用の御朱印色紙（500円）や御朱印帳（800円）もあります。

⛩札所一覧

浄智寺	鎌倉市山ノ内	**布袋尊**（福徳円満）
鶴岡八幡宮（旗上弁財天社）	鎌倉市雪ノ下	**弁財天**（芸能成就）
宝戒寺	鎌倉市小町	**毘沙門天**（勝運来福）
妙隆寺	鎌倉市小町	**寿老人**（長寿延命）
本覚寺	鎌倉市小町	**夷尊神**（商売繁盛）
長谷寺	鎌倉市長谷	**大黒天**（出世開運）
御霊神社	鎌倉市坂ノ下	**福禄寿**（家禄永遠）
江島神社	藤沢市江の島	**弁財天**（金寶富貴）

第3章

里へ、山へ、海へ。
神様の住まう場所でいただく御朱印24

訪ねたい古社

下社　広く明るい境内に拝殿、参集殿（休憩施設）などが建つ。大山の中腹、標高700mにあるが、大山ケーブルカーで気軽に訪ねられる

「あめふり山」に降雨を願う
富士山との両参りでパワーアップ

大山《おおやま》阿夫利《あふり》神社《じんじゃ》

神奈川県伊勢原市

丹沢大山《たんざわおおやま》国定公園に属する霊山、大山。その中腹にあるのが大山阿夫利神社です。今から2200余年前の創建と伝わり、それ以降、神仏習合《しゅうごう》の霊場として広く関東全域で信仰を集めてきました。

「阿夫利」という不思議な言葉には「雨降り」の意味があり、大山の神様は天候を司る神として信仰されてきました。山の神でありながら同時に水神、龍神でもあるという奥深い神格を持っています。

興味深いことに登山道では今でも山伏《やまぶし》姿、一本下駄で登っていく修行者の姿を見かけます。ここはもともと山岳修行の場で、天狗を称す山頂の石尊《せきそん》大権現への信仰が根強く残っているためです。不動明王を祀る大山寺への参詣も多く、近世には多くの宿坊が立ち、にぎわいました。

江戸の町からも見えた大山は庶民の信仰も集め、江戸時代、人々は「大山講《こう》」という講（寺社めぐりの団体）を作り、観光も兼ねつつ大山詣でに繰り出しました。その数は最盛期には年に20万人ともいわれ、大川《おおかわ》（隅田川）で禊《みそぎ》をする人々など、大山詣でをテーマにした多くの浮世絵が描かれています。

修行とまではいかなくても、標高1252mの大山は登山の楽しみも味わえます。登山道はきつい岩場もありますが、途中、富士山の見える景色は格別です。ぜひ頂上本社や奥社を目指しましょう。

⛩御祭神
大山祇大神
高龗神
大雷神

⛩御利益
五穀豊穣
商売繁盛
開運招福
立身出世

関東総鎮護としての堂々たる文字と印

- 右の字…関東総鎮護
- 中央の字…大山阿夫利神社
- 中央の印…関東総鎮護大山阿夫利神社
- 左下の印…阿夫利神社下社之印

上／大山の遠望　富士山に似た山容が美しい
下／本社　下社から約90分の行程。足ごしらえをしっかりして登りたい

▲苦労が報われる絶景が待っている

？本社からは相模湾や関東平野、晴れれば江の島や富士山もよく見えます。大山阿夫利神社からの眺望は、平成27年(2015)の「ミシュラン・グリーンガイド」で二つ星を得ました。景観・知名度・利便性など、世界基準を満たした観光スポットとして注目を集めています。

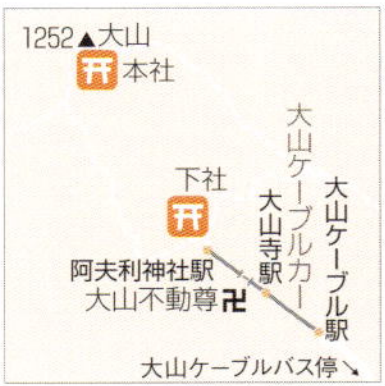

神奈川県伊勢原市大山355　0463-95-2006
小田急線伊勢原駅からバス30分、大山ケーブル駅下車。大山ケーブルカー6分、阿夫利神社駅下車　御朱印300円／9時～17時／授与所で授与

御朱印帳　花に戯れる狛犬と郷土玩具・大山こま（左）、社殿と獅子山（右）の2種類がある。初穂料各1300円（御朱印込）

古代パワーの神社

拝殿　本殿・中殿・拝殿が連なる権現造りの社殿は、徳川綱吉が元禄13年（1700）に造営した。屋根は檜皮葺き。木々の緑や社殿の黒に金箔や朱の彩色が映える

社殿の美しさでは下総随一
武神ながら優しい気に満ちる

香取神宮《かとりじんぐう》

千葉県香取市

鮮やかな朱色が緑に映える二の鳥居をくぐり、大きな灯籠の立ち並ぶゆるやかな参道を進むと、やがて華麗な総門と楼門が現れ、その奥に、黒が基調の凛とした拝殿が姿を見せます。

香取神宮の本殿・拝殿はともに黒漆塗り。上部に金箔や彩色を施した権現造《ごんげんづく》りのお社には、芸術的な美しさが感じられます。本殿は国の重要文化財です。

江戸時代まで「神宮」という社号を許されていたのは、伊勢の神宮のほかには、ここ香取神宮と鹿島神宮（P82）だけ。その理由は「国譲《くにゆず》り」神話の中にあります。

神代の昔、高天原《たかまがはら》の天照大神《あまてらすおおみかみ》は地上を治めたいと願いましたが、その仕事にふさわしいと神々に推挙されたのが経津主神《ふつぬしのかみ》だったのです。経津主神は鹿島神宮の武甕《たけみか》槌神《づちのかみ》とともに地上の平定を成し遂げ、二神はのちに朝廷から特別な崇敬を受ける神々となりました。

経津主神は古代豪族・物部氏《もののべし》の氏神とされ、物部氏が祀った奈良県・石上神宮《いそのかみじんぐう》の霊剣、布都御魂《ふつのみたま》の神格化だという説もあります。このように、経津主神は剣の神・武神ではありますが、この神社からはどこか女性的な、穏やかなエネルギーが感じ取れます。一方だけでは「片参り」とされるように鹿島神宮とは一対で、桜や楓の茂る参道、桜馬場、御神木や要石《かなめいし》などがある境内は静謐《せいひつ》で神秘的です。

⛩御祭神
経津主大神
⛩御利益
家内安全
産業興隆
厄除け

品位と優美さのある押し印の意匠

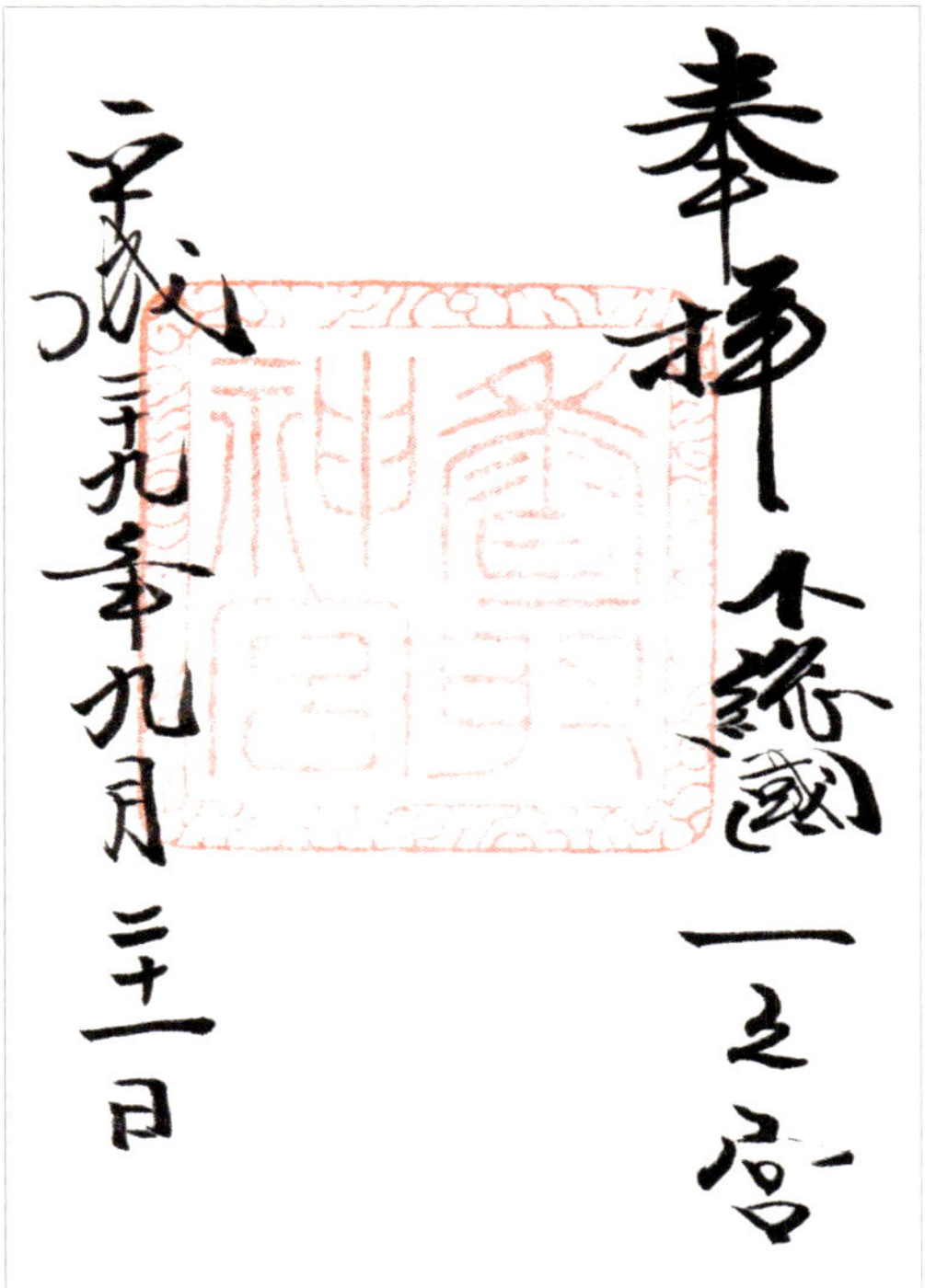

● 右の字…奉拝・下総國一之宮
● 中央の印…香取神宮

上／参道　燈籠が立ち並ぶ参道。春は桜、秋は楓の紅葉に彩られる
下／鳥居　朱が鮮やかな二の鳥居。一の鳥居(浜鳥居)は利根川沿いに立つ

？奥宮の近くにひょっこり顔を出す「要石」は、地中に隠れた巨岩の一部で、地震を起こすナマズの頭尾を押さえているそうです。香取神宮は凸型で、凹型の鹿島神宮の要石と繋がっているとされ、掘り出そうとした水《み》戸《と》光圀《みつくに》公も降参したとか。

▲7日7晩掘っても底に達しなかったといわれる

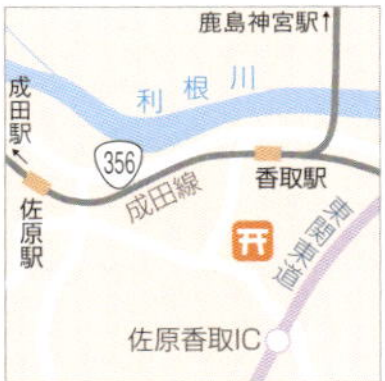

千葉県香取市香取1697-1　0478-57-3211
東京駅から高速バスで1時間10分、香取神宮下車、徒歩5分／JR成田線佐原駅からタクシー 10分
＊御朱印300円／ 9時～ 17時／授与所で授与

御朱印帳　神紋「五七の桐」と雲の優美な御朱印帳。初穂料1000円

古代パワーの神社

楼門　神池に架かる神橋を渡ると、巨大な朱塗りの楼門が目に入る。左右の廻廊が神域中枢を守るように取り囲む、威厳のある造りに圧倒される

大いなる宮居に神が鎮まる
出雲の英雄神が関東を守護

武蔵《むさし》一宮《いちのみや》 氷川《ひかわ》神社《じんじゃ》

埼玉県さいたま市

御祭神
須佐之男命
稲田姫命
大己貴命
御利益
縁結び
開運招福
五穀豊穣

さいたま市の中心部・大宮区の名の由来は、この武蔵一宮氷川神社にあります。2400年以上前の創建とされ、古くから関東一円で信仰を集めた「大いなる宮居《みやい》」が「大宮」という地名の元になりました。2㎞にわたって続く参道、総面積3万坪の境内には本殿・拝殿のほか舞殿、楼門、神池、神橋、数多くの摂末社も鎮座します。

奈良時代には武蔵国《むさしのくに》一の宮とされ、ここから勧請《かんじょう》された氷川神社の分社は、現在の埼玉県全域と東京、神奈川の一部を含む旧武蔵国に280社以上を数えます。

御祭神は須佐之男命《すさのおのみこと》。高天原から島根県の出雲《いずも》地方に降臨した神で、ヤマタノオロチ退治などで知られる英雄神です。妻の稲田姫命《いなだひめのみこと》、御子神の大己貴命《おおなむちのみこと》とともに、主に出雲で信仰されている神々ですが、なぜ関東に出雲の神がいらっしゃるのでしょうか。

この地はもともと、見沼《みぬま》とよばれる広大な湖沼の龍神を祀る聖地でした。そこへ武蔵国造《むさしのくにのみやつこ》として移住してきたのが、出雲臣《いずものおみ》の兄多毛《えたも》比命《ひのみこと》だったのです。その際、多くの出雲族の人々が同行し、出雲神を祀る氷川神社を手厚く奉斎したということです。「氷川」の名は荒川を出雲の斐伊川《ひいがわ》に見立てたところからという説もあります。

関東を代表する神社として、初詣には200万人以上の参拝者を迎え入れています。

須佐之男命のシンボル「八雲」が鮮やか

- 右の字…奉拝
- 中央の字…武蔵一宮・氷川神社
- 中央上の印…神紋（八雲）
- 中央の印…氷川神社

上／拝殿　銅板葺き・流造りの社殿は昭和15年（1940）の造営
下／神橋　紅葉が美しい秋の神橋。四季ごとに違う姿を見せてくれる

御朱印帳　表紙は神橋と楼門、裏表紙は神紋「八雲」。初穂料1000円

埼玉県さいたま市大宮区高鼻町1-407
048-641-0137　JR大宮駅東口から徒歩15分　＊御朱印300円（紙書きは500円）／8時45分～16時30分／授与所で授与

？参道が2kmもある神社は全国でも稀。中山道《なかせんどう》を起点に約650本の、主にケヤキの並木が続きます。途中、「平成ひろば」という広場もあります。かつては隣接する大宮公園も境内の一部でした。参道にある二の鳥居は明治神宮から寄贈され昭和51年（1976）に竣功した、高さ13mと木造では国内最大級の鳥居です。

▲市街地を貫く大宮参道は地域のシンボルで、憩いの場でもある

右／本殿　華麗な本殿は北向きに建つ　**左上／楼門**　水戸藩初代藩主・徳川頼房が造営した　**左下／拝殿**　建物の後ろにそびえるのは樹高40mの御神木

国家鎮護の神ここにあり 皇紀元年から鎮座する古社

鹿島神宮《かしまじんぐう》

茨城県鹿嶋市

　鹿島神宮に祀られているのは、「国譲り」神話で活躍した武甕槌《たけみかづちの》神《かみ》。香取神宮（P78）の経津主神とともに出雲の地に降りた武甕槌神は、懐刀である剣を波間に逆さに突き立て大国主命《おおくにぬしのみこと》に国譲りを迫りました。こうして地上の国は高天原の神々に譲られることになったのです。このときの剣が「師霊《ふつのみたまの》剣《つるぎ》」で、初代神武《じんむ》天皇が東征の折に窮地に陥った際も、武甕槌神はこの剣を地上に降ろして天皇を救ったといいます。これに報恩すべく、神武天皇が武甕槌神を奉斎したのが鹿島神宮の始まりです。

　師霊剣の「フツ」とは剣が物を切るときの音ですが、経津主神の名にも通じると考えられ、経津主神とはこの剣霊の神格化ではないかという説もあります。

　こうして鹿島神宮は国家鎮護の神社として朝廷の東征の拠点となり、この地を本貫《ほんがん》とする中臣氏《なかとみうじ》（のちの藤原氏）の氏神としても手厚い庇護を受けることになりました。

　さらに武士が台頭した時代には、武将たちの守護神として神領寄進や奉幣もさかんにおこなわれました。現在の本殿は二代将軍徳《とく》川秀忠《がわひでただ》、奥宮は徳川家康《いえやす》の寄進。奥宮には武甕槌神の荒魂《あらみたま》が祀られ、特にパワーが感じられます。

　宝物館には日本最古最大の直刀《ちょくとう》が収蔵され、境内には神使《しんし》の鹿園も。これらを取り囲む鬱蒼《うっそう》とした鹿島の森は、県の天然記念物です。

⛩御祭神
武甕槌大神
⛩御利益
勝負運
開運招福

武神らしい きりりとした筆致

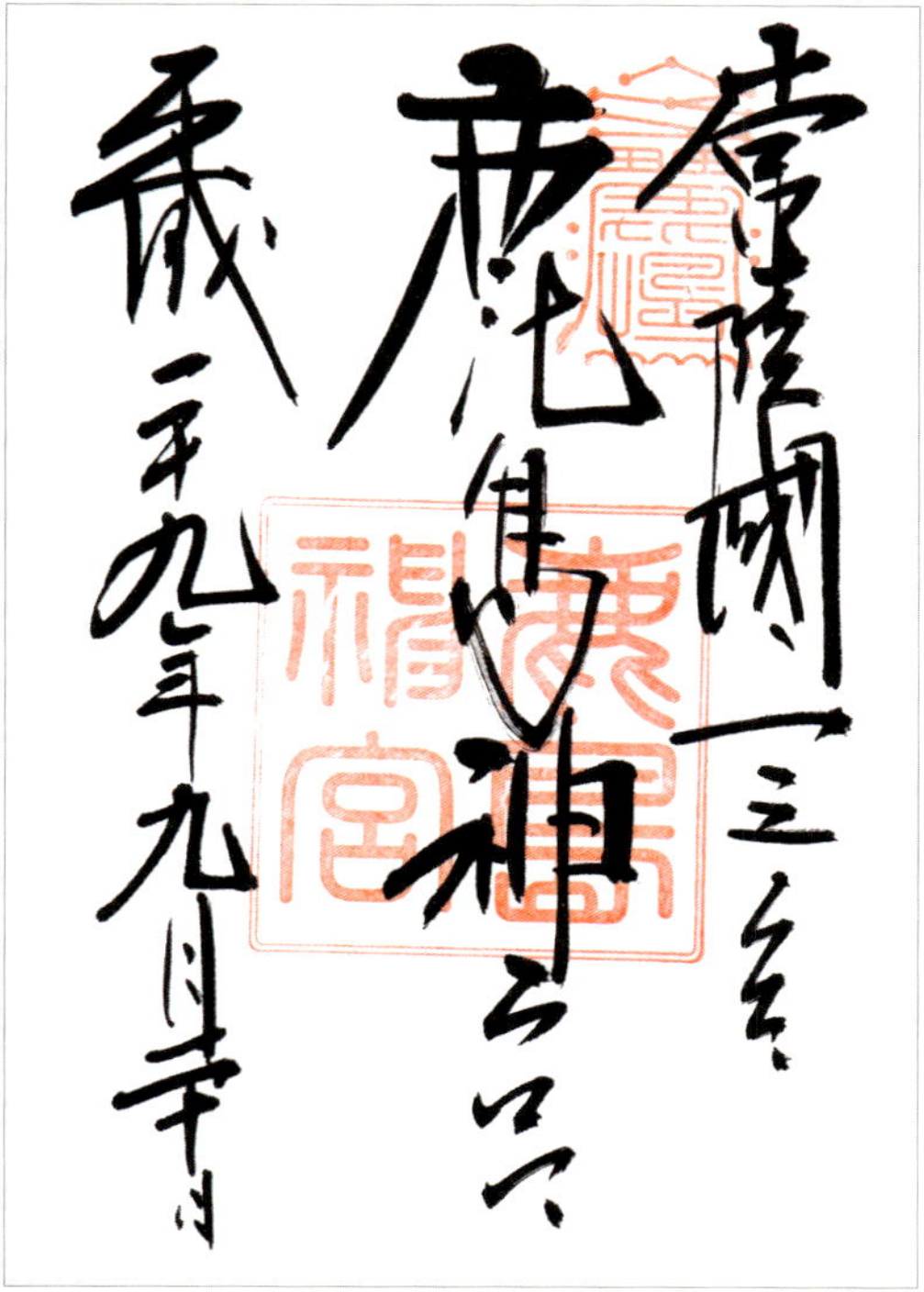

- 右の字…常陸國一之宮
- 右上の印…鹿島
- 中央の字…鹿島神宮
- 中央の印…鹿島神宮

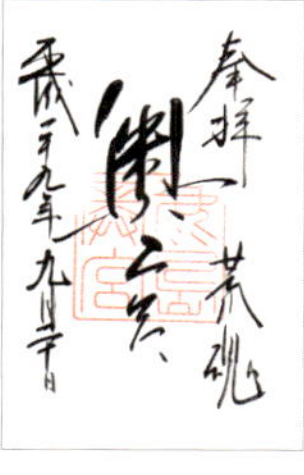

◀奥宮の御朱印

- 右の字…奉拝・荒魂
- 中央の字…奥宮
- 中央の印…鹿島神宮

茨城県鹿嶋市宮中2306-1　0299-82-1209
東京駅から高速バスで2時間、鹿島神宮下車／JR鹿島線鹿島神宮駅から徒歩10分　＊御朱印300円／8時30分～16時30分／社務所で授与

奥参道　老杉が鬱蒼と茂る奥参道を進むと、芭蕉歌碑や要石がある

御朱印帳　太陽に向かって羽ばたく鷲が凛々しい。初穂料1200円

？鹿島神宮に古くから伝わるのが要石、末無川、鎌足藤、根上がり松、松の箸、海の音、御手洗池にまつわる「七不思議」。参拝前の禊《みそぎ》に使われた御手洗池は一夜で湧出したとされ、大人が入っても子どもが入っても、水面が胸の高さにしかならないそうです。

▲池の奥の岩肌から霊水が湧き出る

拝殿　向拝の獅子・龍・象などの社殿彫刻は、その豊かな彩りから「あんば日光」とよばれるほど。端垣には中国説話「二十四孝」の24話すべてが彫刻されている

「夢むすび」を祈願する人が集う縄文の神「あんばさま」の総本宮

大杉神社《おおすぎじんじゃ》

茨城県稲敷市

御祭神
倭大物主櫛甕玉大神
大己貴大神
少彦名大神

御利益
厄除け
縁結び
開運招福
金運

大杉神社の通称は「あんばさま」。聞き慣れない名のこの神は縄文時代から信仰されてきた海河周辺地域守護の神で、常総内海一帯や東日本の沿岸部、利根川水系で生活する人々を守護する民間信仰の神でした。

やがて常総内海に突き出した半島は「安婆島」とよばれ、巨大な杉を神木としていたことから大杉神社とよばれるようになりました。

巨大な杉は航海の目印ともされ、奈良時代には勝道上人《しょうどうしょうにん》がこの地で疫病退散を祈願し、その梢に現在の御祭神・倭大物主櫛甕玉大《やまとのおおものぬしくしみかたまのおお》神《かみ》、大己貴大神、少彦名大神が来臨したとされます。

この三柱の神々はその後、勝道上人により日光にも祀られたため、ここは「元日光」ともいわれます。

平安時代には天狗《てんぐ》に似た容貌をした僧・海尊がこの地で奇瑞を起こし、天狗信仰へと発展しました。「夢むすび(=願い事を叶える)大明神」として知られるようになったのはこの海尊の奇瑞によります。厄除、星除、八方除《はっぽうよけ》をはじめ多くの御利益があり、摂社に競馬の神・勝馬神社があるのは、古代、常陸《ひたち》国《くに》に国営牧場があったためとか。

日光東照宮を思わせる豪華絢爛な社殿は焼失と再建を繰り返しながら、往古の美しさを守っています。色彩豊かな装飾細工などを見ていると、時のたつのを忘れます。

「夢むすび大明神」に願いをかける

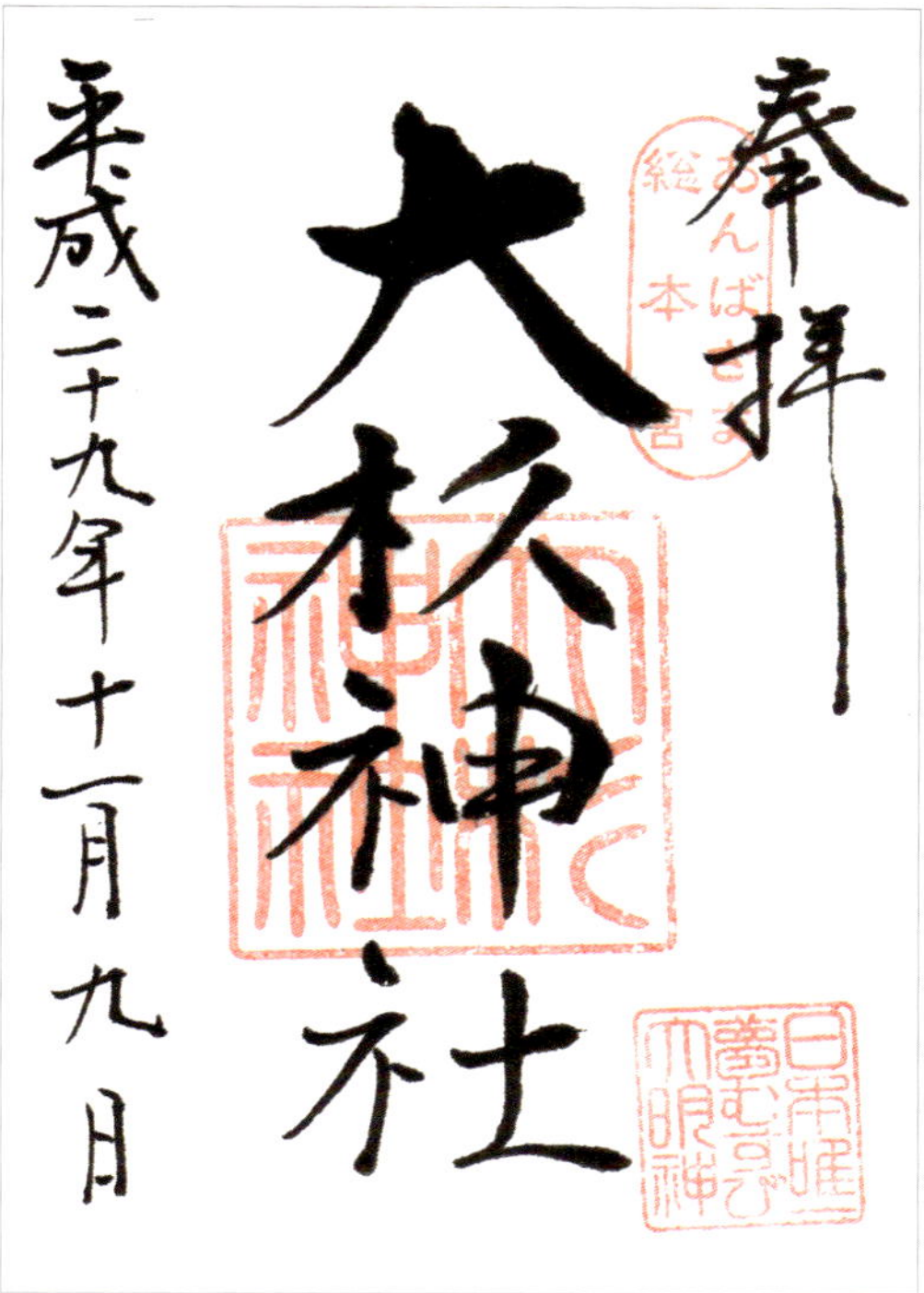

● 右の字…奉拝　●右の印…あんばさま総本宮
●右下の印…日本唯一夢むすび大明神
●中央の字…大杉神社
●中央の印…大杉神社

三郎杉　「あんばさま」が降臨したという御神木の三郎杉は樹高25m、樹齢400年。太郎杉は江戸時代に焼失、駐車場奥に次郎杉もある

？ 神社正面には麒麟《きりん》門《もん》という華麗な楼門が建っています。しかしこの門が開かれることは決してありません。それは大杉神社が江戸の東北に位置し、鬼門守護を担っているからです。麒麟は平和の象徴。この門が開くと江戸に魔物が侵入するといわれています。

▲麒麟や平和に遊ぶ子どもたちの彫刻が

ねがい天狗　「かなえ天狗」と一対

茨城県稲敷市阿波958　029-894-2613
JR成田線下総神崎駅からタクシー15分（土・日曜のみ直通バスあり）
＊御朱印300円／9時～17時／社務所で授与

御朱印帳　表紙は金、裏表紙は赤が基調で華やか。初穂料1000円

右／正面鳥居　威厳ある境内最大の鳥居　**左上／拝殿**　本殿とともに国の重文
左下／神橋　水流の激しい大谷川に架かる木橋。世界遺産「日光の社寺」の一部

聖地を守り続ける地主の神
日光男体山が御神体

日光二荒山神社《にっこうふたらさんじんじゃ》

栃木県日光市

世界遺産に選ばれた神仏習合《しんぶつしゅうごう》の聖地、日光には多くの社寺があります。二荒山神社はそれらのなかで最初に創建された神社です。

東照宮の参拝者などでにぎわう日光も、少し奥に入れば神秘的な静けさに包まれます。二荒山神社本社はそこに地主神《じぬしがみ》らしい静かなたたずまいで建っています。中禅《ちゅうぜん》寺《じ》湖畔に中宮祠《ちゅうぐうし》、男体山《なんたいさん》山頂には奥宮《おくみや》が鎮座します。

天応《てんおう》2年（782）、下野国《しもつけのくに》の僧・勝道上人が男体山の神を祀ったのが神社の始まりです。古くは日光三所権現とよばれたように、男体山・女峰山《にょほうさん》・太郎山《たろうさん》（＝日光三山）の奥宮にもそれぞれ大己貴命、田《た》心姫命《ごりひめのみこと》、味耜高彦根命《あじすきたかひこねのみこと》の親子神が祀られています。男体山は標高2486m。日光連山や華厳《けごん》の滝、いろは坂を含む境内地は3400haにも及びます。

二荒山神社の御利益といえば縁結び。大己貴命は男女の縁のみならず、人や仕事、物事との良い縁を結ぶ福の神です。境内には明友神社や夫婦杉、縁結びの笹などの御利益スポットがたくさんあります。

本社へは東照宮から続く上神道にある楼門からも入れます。この楼門のあたりから最も強い神気を感じるという噂も。

日光の表玄関といわれる神橋《しんきょう》も実は二荒山神社の建造物です。神橋や別宮《べつぐう》の滝尾《たきのお》神社、本宮《ほんぐう》神社の御朱印もいただけます。

⛩御祭神
二荒山大神（大己貴命・田心姫命・味耜高彦根命三神の総称）
⛩御利益
良い縁を結ぶ
開運招福

だいこく様の小槌から御利益ザクザク

● 右の字…奉拝　● 右下の印…小槌（日光だいこく様）
● 中央の字…二荒山神社
● 中央上の印…社紋（三つ巴）
● 中央の印…日光山総鎮守二荒山神社下野国一之宮

夫婦杉　2本の杉の根元が一つになった御神木。大己貴命と妻の田心姫命を御祭神とすることから夫婦円満の御利益あり

▲現在は太郎山の神・味耜高彦根命を祀る

日光山内の入り口にありながら、静謐を保つ本宮神社は、日光開山の祖・勝道上人が最初に祠を建てた旧鎮座地で、日光の原点です。上人が笈《おい》をかけた「笈掛石」や「開運石」などがあります。滝尾神社とともに「日光三社」の一つとしてぜひ訪れたいもの。

◀本宮神社の御朱印

● 右の字…日光の原点
● 中央の字…本宮神社
● 中央の印…社紋（丸に抱き茗荷）・本宮神社

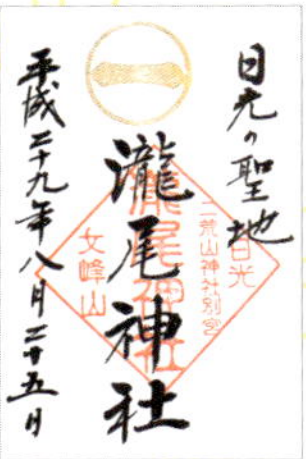

◀滝尾神社の御朱印

● 右の字…日光の聖地
● 中央の字…瀧尾神社
● 中央の印…社紋（丸に一の字）・日光二荒山神社別宮瀧尾神社女峰山

栃木県日光市山内2307　0288-54-0535
JR日光線日光駅・東武線東武日光駅からバス7分、西参道下車、徒歩5分　＊御朱印500円／8時～17時（11月～3月は9時～16時）／参集所で授与

本殿　現在の社殿は明治7年（1874）に完成した権現造り。5頭の龍や四神などの装飾彫刻が鮮やかだ。背後には日本武尊が禊をしたという「みそぎの泉」がある

日本武尊の伝説に彩られる「大口真神」ってオオカミ？

寶《ほ》登《ど》山《さん》神《じん》社《じゃ》

埼玉県長瀞町

「天下の勝地」とよばれる長瀞《ながとろ》の独立峰・宝登山は標高約497m。桜や梅が美しい山頂に奥宮、山麓に本社が鎮座します。

創建の由来には第12代景行《けいこう》天皇の皇子、日本武尊が関わっています。今から約1900年の昔、父の命令に従い東征へ向かった日本武尊は、その帰路、宝登山の美しさに惹かれて入山します。ところが山中で激しい山火事に遭遇します。すると山犬たちが影のように飛び出してきて火をたちまち消し止めると、尊《みこと》一行を山頂まで道案内し、再び影のように姿を消してしまったということです。

日本武尊は山犬を宝登山の神の御眷属《けんぞく》と考え、感謝を込めて神社を創建しました。御祭神の神日本磐余彦尊《かんやまといわれひこのみこと》は、日本武尊の祖先にあたる初代神武《じんむ》天皇のこと。大山祇《おおやまつみ》神《のかみ》は霊験あらたかな山の神で、火産霊神《ほむすびのかみ》は火を司る神です。

御眷属の山犬は狼とも考えられ、「大口真神《おおくちのまかみ》」として狼信仰に発展。中世には神仏習合《しんぶつしゅうごう》の聖地となり、秩父《ちちぶ》神社（P27）・三峯《みつみね》神社（P90）とともに「秩父三社」の一つとなりました。「宝登」とは「火止」の意でしたが、のちに宝珠が山上へ飛翔するという神変が起き、「宝登」山に変わったということです。

その由来から御利益は火難除け、諸難除け。山頂までは徒歩約1時間で、ロープウェイでも行けます。

⛩御祭神
神日本磐余彦尊
大山祇神
火産霊神
⛩御利益
火難・盗難除け
厄除け
家内安全
商売繁盛

流麗な「寳」の字にありがたみが

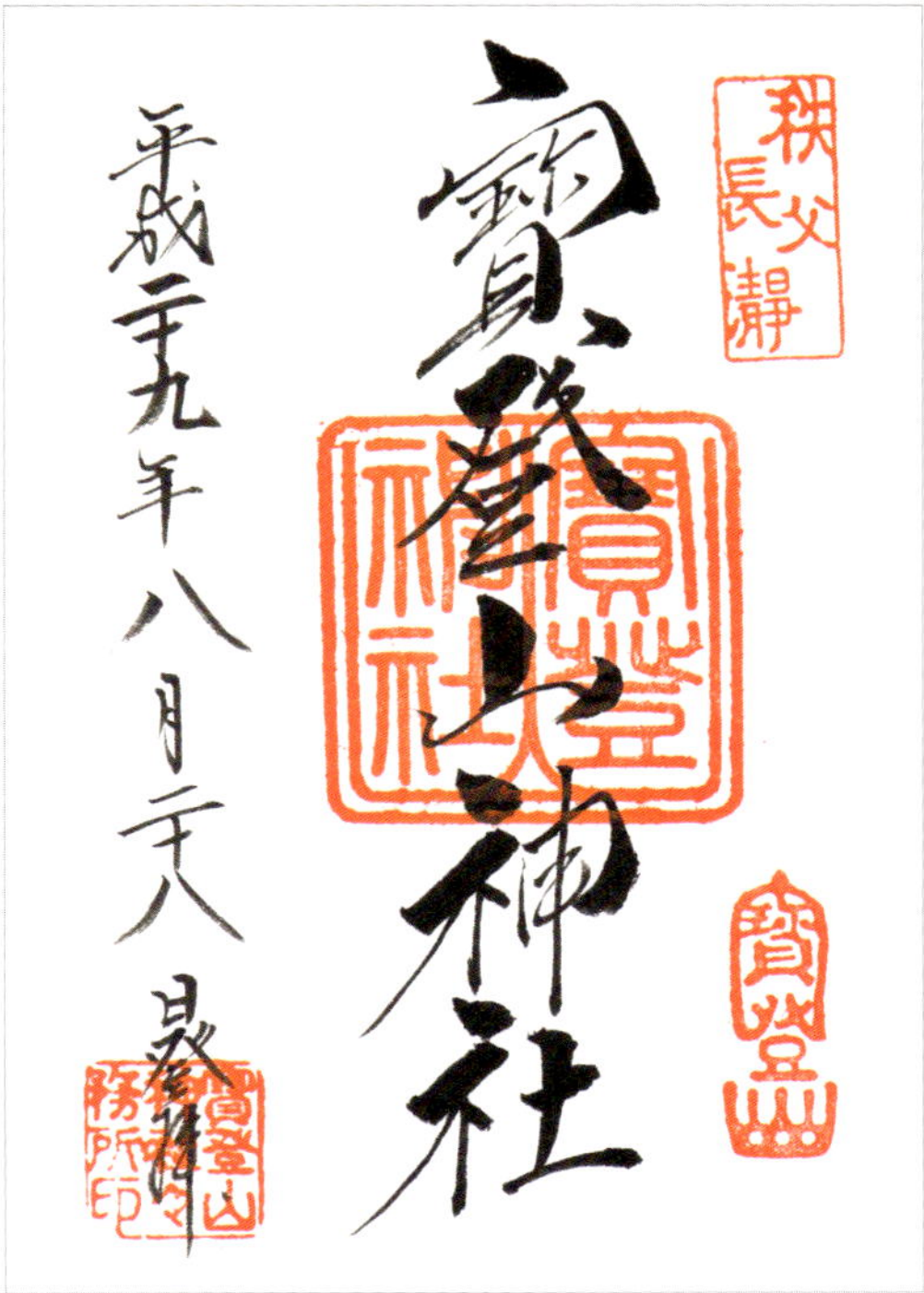

- 右上の印…秩父長瀞
- 右下の印…寳登山
- 中央の字…寳登山神社
- 中央の印…寳登山神社
- 左下の印…寳登山神社社務所印

埼玉県秩父郡長瀞町長瀞1828
0494-66-0084　秩父鉄道長瀞駅から徒歩10分　御朱印300円／8時30分～17時（冬期は～16時30分）／神札所で授与

上／鳥居　白に金箔が美しい明神型鳥居から石段を上る
下／本殿の彫刻　欄間は「二十四孝」、脇障子は「三国志」がモチーフ

▲「みそぎの泉」の前に建つ日本武尊社

日本武尊は摂社に祀られています。国土平定のため全国をかけめぐった尊は、秩父の山々や神社に数多くの伝説や創建由来を残しています。「つつじ祭り」ともよばれる5月の奥宮祭では、日本武尊の御神霊を神輿に乗せて奥宮に渡御し、神楽を奉奏します。

御朱印帳　宝登山に咲く桜や梅、五三の桐紋が優雅。初穂料1300円（御朱印込）

随身門　扁額の堂々たる「三峯山」の文字は、江戸後期の文人大名・増山（ましやま）雪斎の筆。左右の狼が入山者に睨みを効かせている

眷属神が聖地を守る 奥秩父に営々と続く狼信仰

三峯神社《みつみねじんじゃ》

埼玉県秩父市

雲取山《くもとりやま》、白岩山《しらいわやま》、妙法ヶ嶽《みょうほうがだけ》からなる三峰山に囲まれた三峯神社は、標高1100mの山内に社殿や鳥居が点在する、広大な神社です。寶登山神社と同様、日本武尊が東征の帰路、祖先神の伊弉諾尊《いざなぎのみこと》・伊弉册尊《いざなみのみこと》を祀ったのが始まりです。

狛犬の代わりにいたるところに狼の像が鎮座していますが、それは三峯神社にも古くから狼信仰があるためです。狼と大神が同じ音であるように、山の主である狼を「大口真神《おおくちのまかみ》」として信仰する御眷《ごけん》属《ぞく》信仰は、狼の御神札を一年間お借りして家の守護とする「御眷属拝借」などとして今も続いています。親しみを込めて「お犬様」とよばれる狼は、人目につかない山奥に棲むため、境内でも最も奥まった「お仮屋」に祀られています。

狼がほかの動物から農作物を守ってくれたことから、盗難除や厄災除の御利益がありますが、狼信仰は秩父だけでなく、山岳信仰のある日本各地で見られます。修験《しゅげん》道《どう》の祖・役小角《えんのおづぬ》が伊豆《いず》から空を飛んで来たという伝承もある三峯神社は山岳修行の重要拠点で、江戸時代には修験者たちが御眷属信仰を広めたそうです。聖武《しょうむ》天皇の御代には国難を鎮めるための勅使が送られ、「大明神」とされました。

かつての仁王門である随身門や鐘楼など神仏習合時代の名残も多く、明神型鳥居を3基組み合わせた珍しい三ツ鳥居もあります。

⛩御祭神
伊弉諾尊
伊弉册尊
⛩御利益
火難盗難除け
厄除け
安産
縁結び

「お犬様」の御朱印もあり

● 右の字…登拝　● 右上の印…奥秩父三峰山
● 中央の字…三峯神社
● 中央の印…三峰神社
● 左下の印…三峰山

上／鳥居　奈良の大神神社など、日本に数基しかない三ツ鳥居
下／拝殿　緑深い山間に鎮座する社殿はハッとするほど色彩豊か

? 神様の強い「氣」が込められた三峯神社の「氣守」は通常、紺・緑・朱・ピンクの4色ですが、毎月1日にのみ頒布される、白い「氣守」があります。太陽光の色である白は特に神聖とされ、再生を意味します。有名人も持っていると話題になりました。

▲氣守の表(左)と裏(右)。気力アップに

日本武尊銅像　境内奥に高さ5.2mの像が立つ

お犬様　赤い前掛けは魔除け

埼玉県秩父市三峰298-1　0494-55-0241
秩父鉄道三峰口駅からバス50分、または西武秩父線西武秩父駅からバス1時間15分、三峯神社下車　✻御朱印300円（菖蒲・お犬様は書置き500円）／8時～17時／社務所で授与

御朱印帳　社殿と狼が浮き彫りにされ、重厚感がある。初穂料3000円

拝殿　三の鳥居の右奥に鎮座する拝殿の向こうには、本殿ではなく中門と神体山がある。平安時代、坂上田村麻呂も蝦夷征討祈願に訪れたという

御神体「御室山」を仰ぎ見る山麓に鎮まる水分の神

金鑽神社《かなさなじんじゃ》

埼玉県神川町

埼玉県と群馬県の境界あたりの、御獄山麓に位置する静謐《せいひつ》な神社です。この神社には拝殿はありますが、本殿はありません。というのも背後にある御室山《みむろやま》(御室ヶ嶽《みむろがたけ》)を御神体とするため、拝殿から中門を通して御神体山を拝するようになっているからです。本殿を持たない形式は由緒の古い神社に多く、奈良県の大神《おおみわ》神社や長野県の諏訪大社《すわたいしゃ》本宮なども、このような古代祭祀の形を残しています。

金鑽神社の創建にも日本武尊が関わっています。東征の途中に立ち寄った尊《みこと》が御室山に火鑽金（火打石）を埋め、祖先神の天照大御神と素戔嗚尊を祀ったと伝わります。この火鑽金は日本武尊の御霊《みたま》代《しろ》（依代《よりしろ》）と考えられ、そこから御室山が神体山とされたのでしょう。平安時代の『延喜式《えんぎしき》』神名帳《じんめいちょう》にも名が載る有力社で、旧武蔵国の六所明神の一つ、二の宮であったともいわれます。

神社が鎮座する山からは鉄や銅が採れ、近くの神流川《かんながわ》は砂鉄を産したことから、「金鑽」とは「金砂」の変化で、砂鉄を意味するという説も。日本武尊の埋めた「火鑽金」とも何か関わりがありそうです。境内の金目池から金龍が天に翔け上がったという伝承もあり、水分《みくまり》の神《かみ》として信仰されています。平安末期から室町時代にかけて活躍した同族的武士団・武蔵七党《しちとう》の一つ、児玉《こだま》党の氏神でもありました。

⛩御祭神
天照大神
素戔嗚尊

⛩御利益
厄除け
方位除け
家内安全
交通安全

武蔵国の人々の心の拠り所

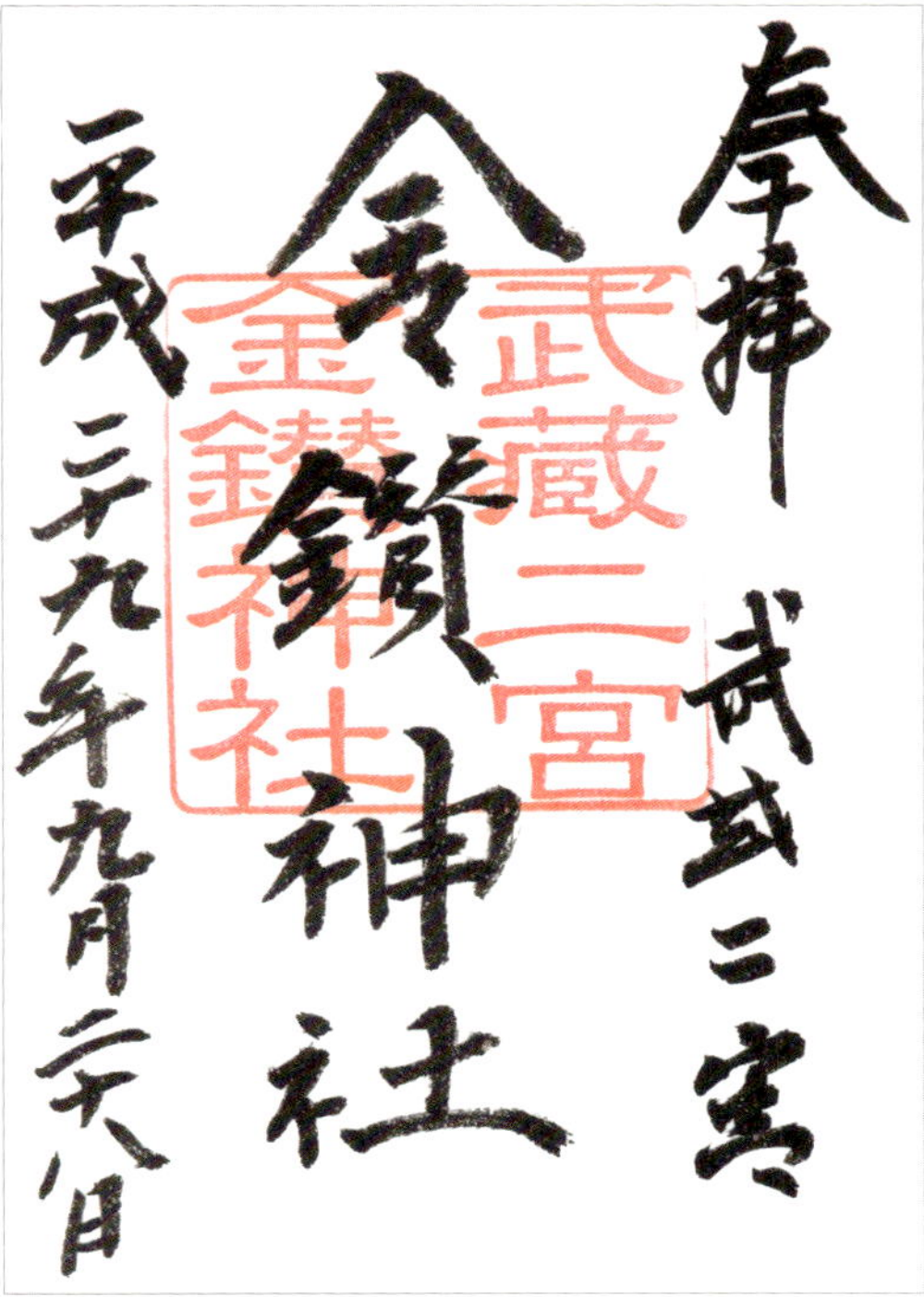

- 右の字…奉拝・武蔵二宮
- 中央の字…金鑽神社
- 中央の印…武蔵二宮金鑽神社

上／鐘岩　御嶽山麓にある約9000万年前の岩断層で、国の特別天然記念物

下／義家橋　源頼義・義家父子が奥州出陣の際に戦勝祈願して架けた橋

参道の途中で目を引くのが国の重要文化財の多宝塔。室町時代に武蔵七党の一つ、丹党《たんとう》の阿保氏が奉納したもので、宝塔に腰屋根がついた二重塔婆です。境外にある旧別当寺の金鑽大師（大光普照寺《たいこうふしょうじ》）とともに神仏習合時代の名残です。

▲高さ13.8m、屋根は二重のこけら葺き

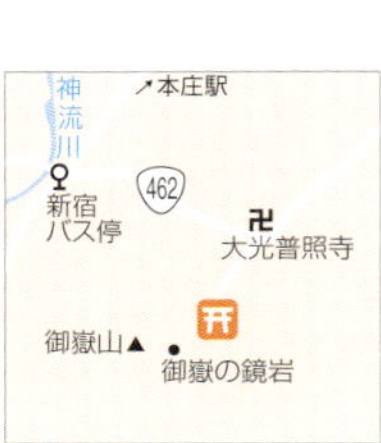

埼玉県児玉郡神川町字二ノ宮751　0495-77-4537

JR高崎線本庄駅から朝日バス40分、新宿《しんしゅく》下車、徒歩10分（バスは1時間に1本）

御朱印500円／9時～17時／社務所で授与

御朱印帳　美しい御神体山と迫力満点の金龍。初穂料1200円

拝殿　神仏習合時代に中禅寺本堂や三重塔があった地に、明治8年(1875)に造営された。海抜270mのここから筑波山頂までが境内地で、その面積は370haに及ぶ

神代からの信仰を受け継ぐ多くの歌に詠まれる神体山

筑波山神社《つくばさんじんじゃ》

茨城県つくば市

「筑波嶺《つくばね》の峰より落つるみなの川　恋ぞつもりて淵となりぬる」

『小倉百人一首』に収められている有名なこの歌は、平安時代、清和《せいわ》天皇の皇子・陽成院《ようぜいいん》が筑波山に託して歌った恋の歌です。「筑波嶺」が歌枕となるほど多くの歌に詠まれた筑波山は、「連歌岳《れんがだけ》」ともよばれます。

筑波山神社は、この古来の霊峰・筑波山を御神体山とする神社です。人々は筑波山の二峰が相並ぶ姿に霊威を感じ、標高８７１ｍの男体山《なんたいさん》山頂の磐座《いわくら》に筑波男大神《つくばおのかみ》、それよりわずかに高い８７７ｍの女体山《にょたいさん》に筑波女大神《つくばめのかみ》を祀りました。この男女の神はそれぞれ日本の祖神である伊弉諾尊《いざなぎのみこと》、伊弉冊尊《いざなみのみこと》と考えられています。それが初代神武天皇のころとされ、さらに神話でこの夫婦神が最初に生んだ「おのころ島」が筑波山であるという説もありますから、筑波山の歴史の古さは計り知れません。

山頂本殿の御神体は神衣《かんみそ》。御座《おざ》替祭《がわりさい》で年２回、衣替えが行われます。大鈴が目を引く拝殿は、本殿を遥拝する南面中腹に建っています。江戸期建立の随身門は県内一の大きさ。江戸からは東北にあり、鬼門守護の社でもありました。

古代山岳信仰から始まった筑波山には「弁慶《べんけい》七戻り」などの奇岩や怪石が多く、登山も人気です。拝殿で道中安全を祈ってから山に向かう人の姿も多く見られます。

⛩御祭神
筑波男大神(伊弉諾尊)
筑波女大神(伊弉冊尊)

⛩御利益
縁結び
家内安全
産業興隆
交通安全
厄除け
学業成就

「天地開闢」の神々の ありがたみが伝わる

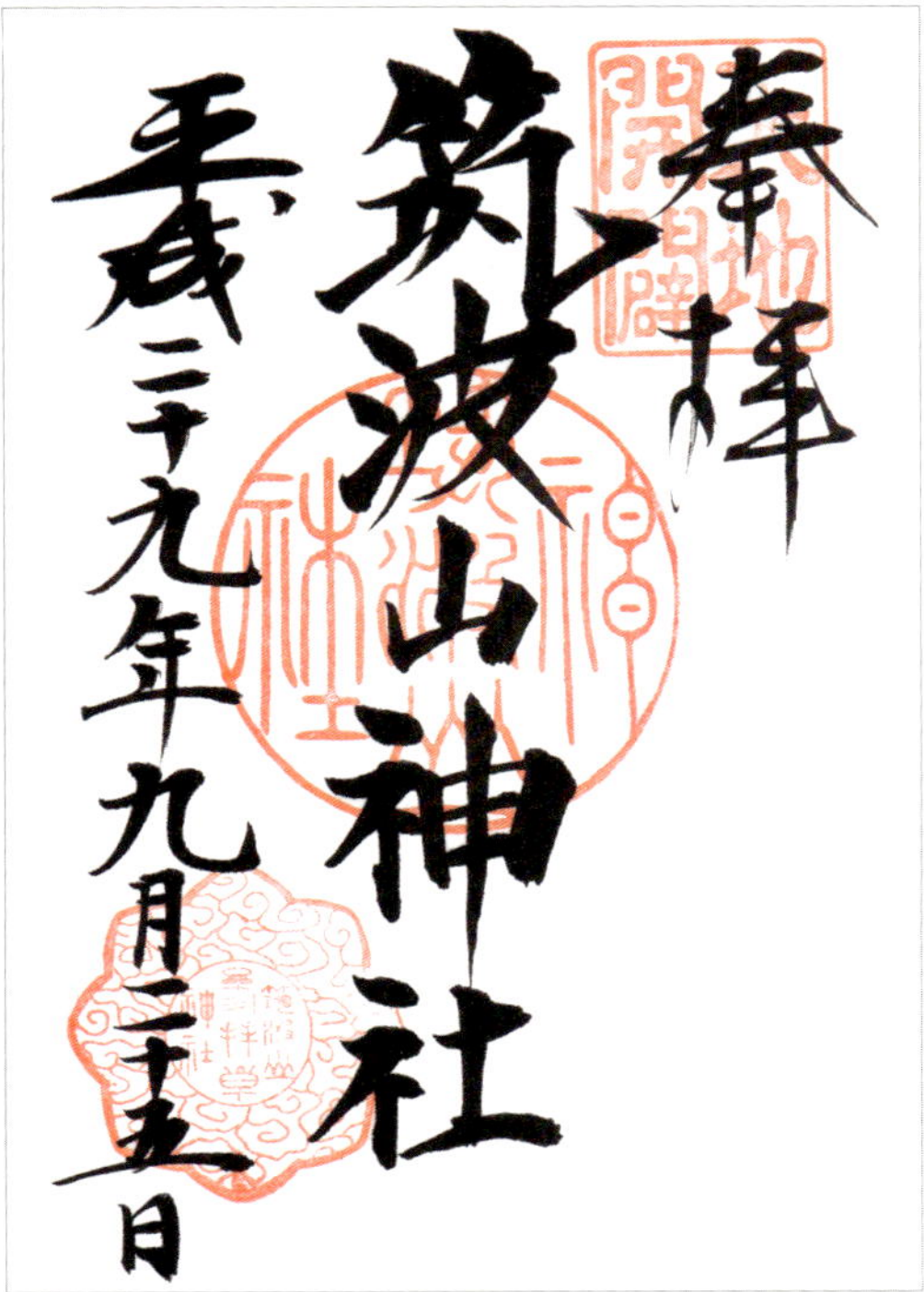

- 右の字…奉拝　● 右上の印…天地開闢
- 中央の字…筑波山神社
- 中央の印…筑波山神社
- 左下の印…筑波山神社・奉拝印

茨城県つくば市筑波一番地　029-866-0502
つくばエクスプレスつくば駅から筑波山シャトルバス40分、筑波山神社入口下車　＊御朱印は9時～16時30分に作務所で授与

随身門　かつての仁王門。今は向かって左に倭建命、右に豊木入日子命像を安置する。つくば市指定文化財

大杉　随身門脇にそびえる樹齢約700年の大杉。高さ36.5m、周囲は7.8mという圧倒される大きさ

筑波山を最初に歌に詠んだのは日本武尊とされ、のちに筑波山は男女が歌を詠み合って求愛する「歌垣《うたがき》」の地にもなりました。

境内や筑波山神社萬葉《まんよう》公園には、『万葉集』に収められている、筑波山を題材とした25首すべての歌碑が点在しています。なかでも平成になって完成した歌碑は文字も読みやすく、興味を惹かれます。

▲奈良時代の貴族・丹比真人国人が詠んだ歌を刻む歌碑

右／参道の石段　右側には緩やかな女坂も　**左上／拝殿**　華麗な彫刻に彩られている　**左下／唐門**　天井絵の龍、「松に鳳凰」「松に鷹」の透彫が見事

奇勝・妙義山に絢爛たる社
三角のパワースポットがすごい！

妙義神社《みょうぎじんじゃ》

群馬県富岡市

遠目でもよくわかるギザギザした山容が特徴の妙義山。これはこの山の地盤が固く尖った奇岩によって形成されているためです。

妙義神社は妙義山の主峰、標高約1100mの白雲山の東山麓にあり、老杉の生い茂る神域に華麗な社殿や門が点在しています。

創建は宣化天皇《せんかてんのう》2年（537）。当初は波己曽大神《はこそのおおかみ》として祀られていましたが、南北朝の時代、南朝方の公家・花山院長親《かざんいんながちか》卿が明明《めいめい》魏《ぎ》たるこの妙義山の姿を「明魏」と名付け、それが「妙義」に変化しました。波己曽大神は、境内の本殿脇にある影向岩に降臨されたと伝えられています。現在の御祭神は日本武尊、豊受大神《とようけのおおかみ》、菅原道《すがわらのみち》真公《ざねこう》、長親卿の四柱です。

中世には神仏習合の霊場となり、その名残である総門や旧宮様御殿のある旧寺域から、銅鳥居をくぐって165段の男坂を上り切ると、袖廻廊を持つ随身門に着きます。その奥に鎮座する唐門や本社は、厳めしい山の姿とは対比をなすかのように色彩にあふれ優美です。連なった本殿・幣殿・拝殿はいずれも国指定重要文化財。唐門の透彫《すかしぼり》などとともに、欄間や脇障子に施された彫刻の美しさは他に類を見ません。

山岳信仰の栄えた山に多くみられるように妙義山にも天狗信仰の痕跡が見られ、本殿の真裏に天狗を祀る天狗社があります。

⛩御祭神
日本武尊
豊受大神
菅原道真公
権大納言長親卿

⛩御利益
開運厄除
商売繁盛
学業成就
縁結び

社殿彫刻に負けない流麗な文字！

- 右の印…上野國妙義山
- 中央の字…妙義神社
- 中央の印…妙義神社
- 中央下の印…妙義神社社務所之印

妙義山　溶岩や凝灰岩から成る、赤城・榛名山と並ぶ上毛三山の一つ

？　銅鳥居の脇には、樹齢900年という3本の杉の大木があります。そのうちの一本の枝は、椅子のようにきれいに折れ曲がり、天狗が腰掛けたという伝説があるそうです。最近では、この三本杉の作る三角形が最もパワーのある場所として有名になっています。

▲注連縄で三角のスポットが作られている

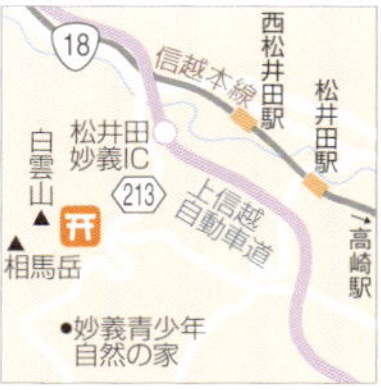

群馬県富岡市妙義町6　0274-73-2119
JR信越線松井田駅からタクシー10分
＊御朱印300円／8時30分～17時／授与所で授与

御朱印帳　裏表紙の妙義山の「大」の字は「妙義大権現」の意。初穂料1500円

拝殿　広々とした境内に建つ拝殿。内部には江戸時代に前橋藩主と大胡藩主が奉納した、左右2対4面の「飾馬の図」「神馬の図」などの絵馬が掛かっている

名峰を御神体山とする古社 環濠遺跡が今に残る

二宮《にのみや》赤城《あかぎ》神社《じんじゃ》

群馬県前橋市

榛名山《はるなさん》・妙義山《みょうぎさん》とともに、上毛《じょうもう》三山《さんざん》と称される赤城山《あかぎさん》を御神体とする神社です。創建は第11代垂《すい》仁《にん》天皇のころ。『延喜式』に載る名神大社、上野国《こうずけのくに》（群馬県）二の宮であったとも考えられ、地名の「二之宮」の由来にもなっています。

赤城山のほぼ真南の山麓に位置し、赤城山頂の大洞《だいどう》赤城神社、中腹の三夜沢《みよさわ》赤城神社に対し、里宮《さとみや》として赤城信仰の中心を担っていたとされます。周辺に大型前方後円墳の二子《ふたご》古墳を含む大室《おおむろ》古墳群などの遺跡もあることから、この地は豪族・上毛野氏《かみつけのうじ》の本拠地であったとも推測できます。

御祭神は大己貴命。縁結びや医療、産業興隆などの万能の神です。赤城山の神が機織りの上手な貫前《ぬきさき》神社（P37）の神に一の宮の地位を譲ったという伝説もあります。

二宮赤城神社の大きな特徴は、境内が堀と土塁でぐるりと囲まれていることです。環濠《かんごう》として十分な堅牢な造りで、中世には出城としての役割を果たしたのではないかと考えられています。境内には本殿・拝殿、神楽殿などのほか多くの石祠《せきし》もあり、信仰の場としての由緒を感じさせます。

4月と11月の初辰日におこなわれる御神幸《ごじんこう》神事は、二宮赤城神社独特の神事です。真北に位置する三夜沢赤城神社との間を御神体（神輿）が往復するもので、山宮と里宮の関わりの深さを思わせます。

⛩御祭神
大己貴命
⛩御利益
家内安全
開運招福
縁結び

御利益がありそうな
勢いを感じさせる

- 右の字…奉拝・上野国二之宮
- 中央の字…二宮赤城神社
- 中央の印…大社・二宮赤城神社

鳥居と参道　鮮やかな朱塗りの鳥居をくぐると右手に鐘楼があり、木々に囲まれた参道を進むと神代橋が見えてくる

上／本殿　銅屋根で保護されている
下／堀と土塁　堀のくぼみと土塁の盛り上がりがはっきりわかる

群馬県前橋市二之宮町886　027-268-0276
JR両毛線前橋駅からバス17分、二之宮町神社裏下車、徒歩5分
御朱印志納／ 9時〜 17時／社務所で授与

？境内奥に建つ宝塔は、南北朝時代の建立とされる前橋市指定の重要文化財です。神仏習合時代の名残で、赤城山南麓に多くみられる形であることから「赤城塔」ともよばれています。塔身の部分が丸く、漆に木の粉や繊維くずなどを混ぜた「木屎」が建立当時から塗られていました。その黒ずんだ跡が、今でもはっきりと残っています。

▲宝塔は仏塔の一つで素材や形もさまざま

右／神門　「太平山神社」の扁額が掛かる　**左上／二の鳥居**　1000段の階段が続くあじさい坂の途中にある　**左下／拝殿**　奉納額がずらりと並び、にぎやか

「日・月・星」の三神を祀る天下太平を祈る社

太平山神社《おおひらさんじんじゃ》

栃木県栃木市

関東平野を一望し、古代祭祀の跡も数多く残る太平山。太平山神社はその1000段にも及ぶ石段を上り切った頂に、数多くの神々を祀っています。創建は第11代垂仁天皇の頃。当時は三輪山《みわやま》とよばれた太平山に大物主神《おおものぬしのかみ》、天目一《あめのまひとつの》大神《おおかみ》が祀られたのが始まりです。

平安時代の第53代淳和《じゅんな》天皇の御代、国中の人々が疫病や風水害によって苦しんでいました。そこで天皇は、古からの信仰の地であるこの山に日の神・天照大神、月のように人々に安らぎを与える豊受《とようけ》姫大神《ひめのおおかみ》、星のように人々を導く瓊瓊杵尊《ににぎのみこと》を祀るよう命じました。「日・月・星」を象徴するこの三柱の神々の霊験により世の中は治まり、国を太平にする太平山神社は、より一層の崇敬を集めるようになったということです。

さらに慈覚大師《じかくだいし》・円仁《えんにん》が入山してからは、多くの摂末社や寺院が建てられ、神仏習合の一大聖地として興隆を極めるようになりました。現在の境内には、撫《な》で石《いし》が正面に鎮座する拝殿・本殿をはじめ、星宮《ほしのみや》神社、福《ふく》神社、足尾《あしお》神社、交通安全神社など、数多くの神様が鎮座しています。その数は42社六十柱以上、地主神である天目一大神は奥宮に鎮座します。

太平山全体が緑豊かな県立自然公園で、あじさい坂とよばれる表参道石段の両脇は、6月ごろには満開のアジサイで埋め尽くされます。

⛩御祭神
瓊瓊杵尊
天照皇大御神
豊受姫大神

⛩御利益
国土安泰
家内安全
商売繁盛
諸願成就

四獣が勢揃い！ にぎやかな御朱印

● 右下の字…下野　● 右上の印…福
● 中央の印…太平山神社・虎（右）・龍（左）・鳳凰（上）・亀（下）
● 左下の印…太平山神社之印

境内からの眺め　関東平野を一望するこの地で天下太平が祈願されてきた

▲内部も朱が塗られ、天井絵の龍も美しい

寺院のお堂のような形をした摂社・星宮神社は、神仏習合の名残を残す美しい社です。磐裂《いわさく》根《ね》裂《さくの》神《かみ》、天之加々背男命《あめのかがせおのみこと》をはじめ、森羅万象の神々を祀っています。同じ社に子易《こやす》神社、天満宮・文章《もんじょう》学社《がくしゃ》も配祀し、多くの神々から御利益を頂けそうです。

御朱印帳　紺地に剣と狛犬がシック。初穂料2500円(御朱印3枚込)

絵馬　七五三では絵馬に子どもの手形を取り成長を祈る

◀御朱印帳の御朱印

● 右上の印…劔之宮印
● 右下の印…交通安全社印
● 中央の印…福
● 左上の印…星宮之印
● 左下の印…足尾神社之印

◀御朱印帳の御朱印

● 右の字…奉拝
● 右上の印…福寿・徳寿限り無し
● 中央の字…太平山神社
● 中央の印…太平山神社守護之印
● 左下の印…太平山神社之印

栃木県栃木市平井町659　0282-22-0227
JRまたは東武線栃木駅からバス14分、国学院前下車、徒歩15分　＊御朱印500円／9時～16時30分／社務所で授与

本殿　慶長2年（1597）築の流造りの社殿は葉山町の重要文化財に指定されている。森戸岬の北側にあり、海に向かって開かれた境内は清々しい

霊験高き山と海の神を祀る海を見晴らす開放的な神社

森戸《もりと》大明神《だいみょうじん》（森戸《もりと》神社《じんじゃ》）

神奈川県葉山町

晴れた日には、相模湾越しに富士山も見える三浦半島の森戸海岸。通称森戸神社とよばれる森戸大明神は、夏になると海水浴客でにぎわう海岸線から突き出すようにして建っています。

創建は源頼朝《みなもとのよりとも》です。平安末期、保元《ほうげん》の乱《らん》に敗れて伊豆国《いずのくに》に流されていた頼朝公は、当地の三嶋明神《みしまみょうじん》（現・静岡県三嶋大社）に再興を祈願し、その神助を得て治承《じしょう》4年（1180）鎌倉入りを果たすと、報恩の意を込めて三嶋明神の御分霊をこの地に祀ったということです。それ以来、源氏のみならず北条《ほうじょう》氏や足利《あしかが》氏などの崇敬を受け、徳川家からも神領を寄進されました。

三嶋明神とは、神話にも多くの記述がある大山祇命《おおやまつみのみこと》のこと。大山祇命は山の神であると同時に、「ワタシ大神」とよばれる海の神でもあります。事代主命《ことしろぬしのみこと》は「えびす神」とも称される水の神であり託宣の神です。これら偉大な二柱の神を祀る森戸神社は、神道にとって重要な禊祓《みそぎはら》えの聖地である「七瀬《ななせ》祓《はらえ》」の一つでもありました。

約400年前の社殿、多くの摂社、頼朝公ゆかりの御神木の飛柏《ひびゃく》槇《しん》と千貫松《せんがんまつ》があるほか、本殿真裏から見る海辺の夕景は「森戸の夕《せき》照《しょう》」として有名で、海岸入り口には石原裕次郎記念碑もあります。境内周辺で軽装の人を多く見かけるのもリゾート地の神社らしく、地元の人々に崇敬されています。

⛩御祭神
大山祇命
事代主命
⛩御利益
開運厄除
安産・子授
縁結び
家内安全
商売繁盛

「相州葉山」の文字に湘南の風を感じる

● 右の印…相州葉山郷総鎮守
● 右下の印…森戸神社参拝記念・相州葉山（富士山・千貫松）
● 中央の字…森戸大明神
● 中央の印…森戸大明神

上／名島　沖合の名島に立つ森戸神社の赤い鳥居は葉山のシンボル
下／境内　境内の裏手に回ると、真っ青に広がる海が一望できる

?　鎌倉時代の史書『吾妻鏡《あづまかがみ》』には、森戸神社が由比ケ《ゆいが》浜《はま》や江ノ島《えのしま》龍穴《りゅうけつ》などとともに「七瀬祓」の霊地に定められ、禊祓えが盛んにおこなわれたと記されています。境内脇の「みそぎ橋」を渡った浜がその場所でしたが、現在そこは森戸海水浴場となっています。

▲「みそぎ」とは海水で心身を清めること

神奈川県三浦郡葉山町堀内1025
046-875-2681　JR横須賀線逗子駅からバス15分、森戸神社下車　＊御朱印300円／9時～17時／授与所で授与

御朱印帳　表紙は名島と海、裏表紙はダイヤモンド富士。つなぐと神社裏からの景色に。初穂料1500円（御朱印込）

右／三の鳥居　高台の鳥居の間から二神が降臨した海を望む　**左上／二の鳥居**　青空に映える真っ白な明神鳥居　**左下／拝殿**　現在地には享保15年（1730）に遷座

神磯に降臨した救済の神々
海を臨む高台に建つ神社

大洗磯前神社《おおあらいいそさきじんじゃ》

茨城県大洗町

穏やかな波が寄せ返す大洗海岸沿いに立つ、見上げるほど大きな二の鳥居をくぐると、１００段の石段を上った先に見えてくるのが大洗磯前神社です。

御祭神は大己貴命と少彦名命《すくなひこなのみこと》。体の大きな大己貴命と、手のひらに乗るほど小さな少彦名命のペアは「国造り」神話でよく知られていますが、平安時代の『日本文徳天皇実録《にほんもんとくてんのうじつろく》』という史書には、次のような不思議な話が記されています。

斉衡《さいこう》３年（８５６）12月29日夜、大洗磯前の海が突如として光り輝き、翌朝、浜に二つの石が出現。そのとき、塩焼きの老人に神憑り、「我れは大己貴命、少彦名命である。国造りを終え東海に去ったが、東国の人々を救うため再び帰ってきた」という託宣があった――。

この海こそ境内正面の大洗海岸で、二神が降臨した地を「神磯《かみいそ》」とよんでいます。二神を祀るために大洗磯前神社が創建され、さらに４㎞ほど離れた阿字ヶ浦《あじがうら》にも酒列磯前神社《さかつらいそさきじんじゃ》（Ｐ１０６）が建てられ、それ以降、両社で一つの信仰を形成することになりました。大己貴命と少彦名命は出雲神話の神様ですが、出雲という地域に限らず、古くからこの神々に対する信仰が各地にあったのでしょう。

高台にある境内は広く開放的で、鳥居からは海も見えます。本殿・拝殿は茨城県、随身門は大洗町の文化財に指定されています。

⛩御祭神
大己貴命
少彦名命

⛩御利益
厄除け
開運招福
縁結び
家内安全
産業興隆

太平洋の荒波のような勢いのある墨書

- 右の字…奉拝
- 中央の字…大洗磯前神社
- 中央の印…大洗磯前神社

随身門　正面に施された「因幡の白兎」などの彫刻がみどころ

狛犬　随身門の前に立つ備前焼の狛犬。右が阿形、左が吽形

▲水戸光圀もこの景観を歌に詠んでいる

？二神が降臨したとされる神磯の岩の上には「神磯の鳥居」が立っています。この鳥居は、冬至《とうじ》の日の出の方角を向いているそうです。海に立つ鳥居という素晴らしい景観が人気で、元旦に行われる初日の出奉拝式には数万人の人出があります。

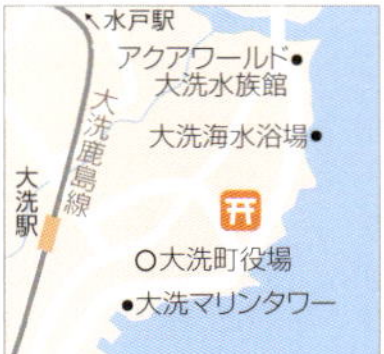

茨城県東茨城郡大洗町磯浜町6890
029-267-2637　大洗鹿島線大洗駅からバス10分、大洗神社前下車すぐ
＊御朱印500円／9時～16時30分／社務所で授与

御朱印帳　太平洋の波に洗われる神磯の鳥居。初穂料1000円

境内と拝殿 広々とした境内を包む常緑樹の樹叢は、全域が県の天然記念物。その奥に千鳥破風を持つ入母屋造りの拝殿と、流造りの本殿が鎮まる

現世との境界に建つ社に祀られた「常世」から戻ってきた神様

酒列磯前神社《さかつらいそさきじんじゃ》

茨城県ひたちなか市

⛩御祭神
少彦名命
大名持命

⛩御利益
厄除け　安産
交通・海上安全
産業興隆
商売繁盛
学業成就

酒列磯前神社の創建由来は、大《おお》洗磯前神社《あらいいそさきじんじゃ》（P104）と全く同じ。つまり一つの伝説から二つの神社が生まれたことになります。大洗磯前神社とは那珂川《なかがわ》を挟んだ地に創建され、ともに「薬師菩薩大明神」の称号を賜わり延喜式内社となりました。中世に戦乱で荒廃したのちは、水戸家によって再興され、現在地には元禄《げんろく》15年（1702）に遷座しました。

「酒列」の名の由来は、境内裏の磯崎海岸の岩がほぼ南に傾いて並んでいるところ、一部だけ北に傾いていたことから「逆列《さかつら》」となり、さらに御祭神が酒造りの神であるために「酒列」と変化したそうです。

当社では主祭神を少彦名命、配祀神を大名持命《おおなむちのみこと》（大己貴命）としています。少彦名命は大名持命を助けるために海の彼方からやってきた神で、「えびす神」ともよばれます。医療・医薬のみならず漁業、農業、酒造、国土・温泉開発など、国造りに必要なあらゆる知識をもたらした神ですが、国造りの途中で海の彼方の常世《とこよ》に帰ってしまったといいます。その神が戻ってきたと伝わるのは、関東東端の岬である大洗磯前やこの磯崎海岸が、常世と現世《うつしよ》の境界と考えられたからかもしれません。

かすかに海の香りも漂う境内では、国造りの神様たちに対する感謝の念が自然と湧いてきます。

個性的な文字に心躍る

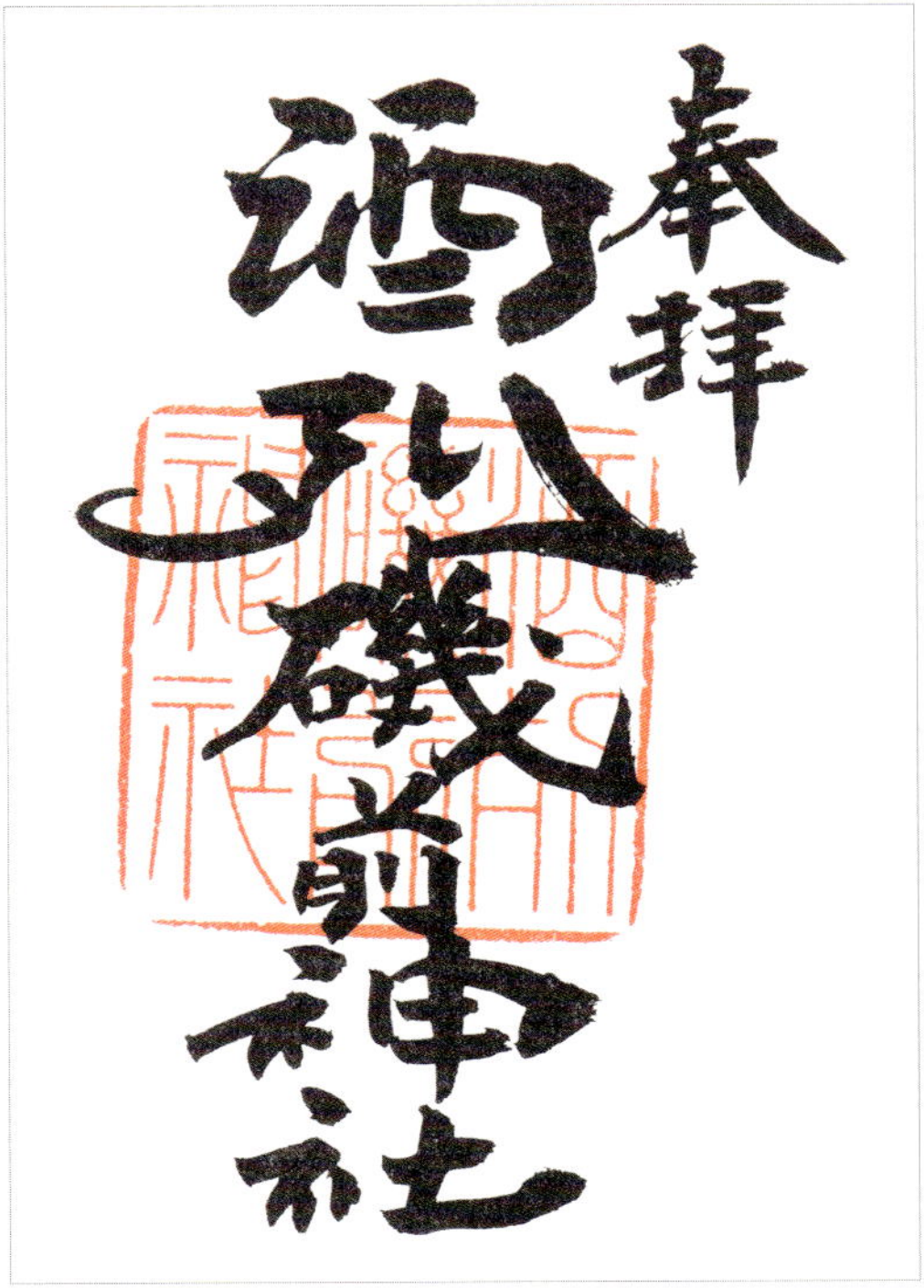

- 右の字…奉拝
- 中央の字…酒列磯前神社
- 中央の印…酒列磯前神社

参道　300mの参道はヤブツバキやタブノキなどが繁り、緑のトンネルのよう

上／参道鳥居　表参道をふと横にそれると、小道の向こうに海が
下／拝殿　唐破風の下に左甚五郎作「リスとブドウ」の彫刻がある

茨城県ひたちなか市磯崎町4607-2
029-265-8220　ひたちなか海浜鉄道湊線磯崎駅から徒歩10分　＊御朱印300円／9時～16時／社務所で授与

子安守り　安産のねがい（貝）が叶うお守り。初穂料1000円

？

▲幸運をよぶ（？）ウミガメの石像

酒列磯前神社では、ひたちなか市にある宝くじ売り場からの依頼で、高額当選祈願祭をおこなっています。境内には当選した人が奉納したウミガメの石像が置かれ、参拝してから亀の頭をさすると当選するとか。「宝くじの当たる神社」で運試しをしてみては。

拝殿　最初の社は景行天皇の御代に造営されたと伝わる。現在の神明造りの拝殿は明治40年（1907）に大改築されたとの記録が残る。左右の木は橘。

弟橘比売の悲話を伝える古社
橘が永遠の愛を象徴する

橘樹神社《たちばなじんじゃ》

千葉県茂原市

全国の数多くの神社に創建伝承を残す日本武尊。橘樹神社には、日本武尊とその妻にまつわる悲しい伝説が伝わっています。

第12代景行《けいこう》天皇の皇子・日本武尊は、父の命令により、西へ東へと遠征を繰り返していました。そんなある日、相模国《さがみのくに》（神奈川県）の走水《はしりみず》の海辺で波が荒れて海を渡れないことがありました。そのとき妻の弟橘比売《おとたちばなひめ》は、自らが入水して龍神をなだめると申し出ます。止める間もなく比売が海に入ると波は静まり、日本武尊一行は無事に海を渡ることができました。

7日後、上総国《かずさのくに》（千葉県）に上陸した日本武尊は、弟橘比売が髪に挿していた櫛を見つけます。櫛はまるで夫の後を追うように、走水から上総の海辺まで流れ着いたのです。日本武尊は現在の橘樹神社の地に妻の陵墓を造って櫛を納め、2本の橘を植えて墓標としたということです。これが景行天皇41年（111）のことです。

この悲話は『古事記』にも見え、橘樹神社は神話の舞台となった神社として、平安時代には延喜式内社、上総国二の宮とされました。

境内には本殿・拝殿のほか、多くの摂末社があり、御陵を造った際に土を掘った跡とされる吾妻池や、緑鮮やかな橘の木があります。橘は古来、永遠や不老不死を表す木で、日本武尊と弟橘比売の永遠の愛を象徴するかのようです。

⛩御祭神
弟橘比売命
日本武尊
忍山宿祢

⛩御利益
火難・厄災除け
交通安全

シンボルの橘の鮮やかな印が目を引く

- 右下の字…奉拝
- 右の印…上総國二之宮・延喜式内社
- 中央の字…橘樹神社
- 中央上の印…橘
- 中央の印…橘樹神社
- 左上の印…神紋（橘）

上／参道　奉納鳥居が立ち並ぶのは、地域で崇敬されているあかし
下／本殿　寛政12年（1800）築。弟橘比売の父・忍山宿祢も祀られている

境内の裏には10mほどの小高い古墳があり、これが日本武尊が造った陵墓であるとされています。丘上には橘の神紋が刻まれた鳥居と玉垣が立ち、橘の木が植えられています。江戸時代に本殿ができる前は拝殿から直接、古墳を参拝する形になっていました。

▲弟橘比売は今もここに眠るのか

おみくじ　霊薬とされる橘の実の中に入っている

千葉県茂原市本納738　0475-34-2400
JR外房線本納駅から徒歩10分
御朱印500円／9時～16時30分／社務所で授与

御朱印帳　入水する弟橘比売の姿が悲しくも美しい。初穂料2000円

右／本殿　鎖を伝って、真正面からも側面からも登れる　**左／石標**　拝殿の真裏の小高い岩山全体が、命の神霊の籠った宿魂石とされている

敵味方が同じ境内に？「宿魂石」の上に本殿が建つ

大甕神社《おおみかじんじゃ》

茨城県日立市

東国平定に活躍した神と、平定された地主神が同じ境内に座す神社。皇紀元年（紀元前660）創建とされる大甕神社には、次のような物語が伝えられています。

高天原からの命で地上の神々を次々に平定していた武甕槌神《たけみかづちのかみ》は、東国の地主神で星の神・甕星香々背男だけは手強く、従わせることができません。そこで武神である武葉槌神《たけはづちのかみ》を遣わすと、武葉槌神はたちまち甕星香々背男《みかぼしかかせお》を大岩に封じ込めてしまいました。

この二神の話は『日本書紀』にも見えますが、大甕神社にはその大岩、「宿魂石《しゅくこんせき》」が実際にあるというから驚きです。主祭神である武葉槌命を祀る本殿は、まるで征服の証《あかし》のようにこの宿魂石の上に建っています。本殿がここに鎮座したのは江戸時代ですが、宿魂石の上に登って参拝もできます。

じつは武葉槌命は神話にはこの一個所にしか登場しません。倭文神《しずりのかみ》という別名を持つ織物の神様で（女神とも）、全国の倭文神社に祀られています。しかし、なぜ織物の神様が武力に長けているのか。また甕星香々背男に関しても、星の神＝悪神とされるだけで、どのような神なのかわかっていません。

武葉槌命と甕星香々背男。どちらも謎の多い神ですが、主祭神・武葉槌命のみならず、古層の神である甕星香々背男に対する信仰も今も脈々と続いているようです。

⛩御祭神
武葉槌命
甕星香々背男
⛩御利益
厄除け
開運招福
家内安全
商売繁盛
縁結び

古からのパワーを感じる力強い御朱印

- 右の字…奉拝
- 中央の字…大甕神社
- 中央の印…大甕神社

上／鳥居　市の天然記念物の樹叢に囲まれた、広い境内の入り口に立つ
下／拝殿　かつては大甕山で祭祀がおこなわれた

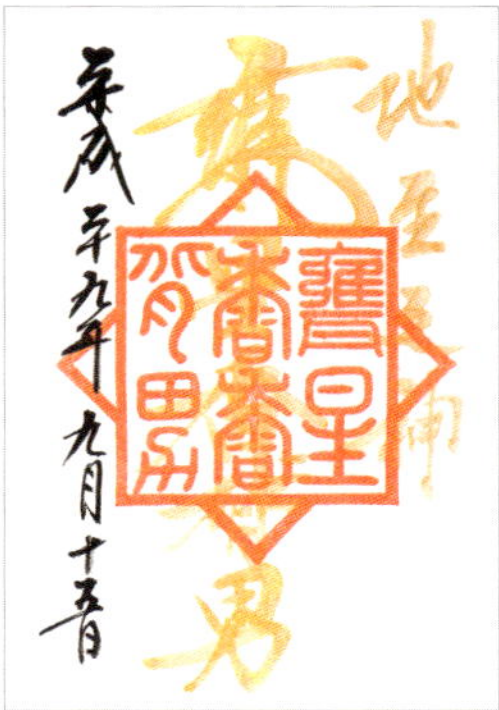

◀星のように輝く甕星香香背男神社の御朱印

- 右の字…地主之神
- 中央の字…甕星香香背男
- 中央の印…甕星香香背男

絵馬　神紋の八芒星と五芒星が仲良く並ぶ

- 茨城県日立市大みか町6-16-1
- 0294-52-2047
- JR常磐線大甕駅から徒歩15分
- 御朱印300円／ 9時～ 17時／社務所で授与

▲甕星香々背男には「天津甕星」の名も。一説では金星とも

武葉槌命に平定され、宿魂石に鎮まったはずの甕星香々背男も、境内にある立派な社殿に祀られています。星の神様らしく、社殿の屋根にも扁額にも五芒星《ごぼうせい》が描かれています。地元の人は拝殿や本殿だけでなく、必ずこの甕星香香背男神社にもお参りするそうです。

1.

表

裏

2.

3.

かわいい お守り その2

4.

6.

5.

師岡熊野神社《もろおかくまのじんじゃ》　神奈川県 ▶ 御朱印は P23

1. サッカー御守

社紋の八咫烏《やたがらす》をデザインした、サッカー日本代表のエンブレムを付けたお守りです。日本サッカー協会公認。　初穂料 800 円

新田神社《にったじんじゃ》　東京都 ▶ 御朱印は P20

2. 美若守《うつくしまもり》

若返りの御利益があるとされる御神木の欅《けやき》の葉を封入。特に女性の美を祈願したお守りです。　初穂料 800 円

駒込妙義神社《こまごめみょうぎじんじゃ》　東京都 ▶ 御朱印は P17

3. 勝守《かちまもり》

素朴な木の風合いと力強い文字に親しみが持てる、駒込妙義神社に古くから伝わる守護守りです。　初穂料 500 円

大宝八幡宮《だいほうはちまんぐう》　茨城県 ▶ 御朱印は P57

4. 大宝御守

金運・財運の上昇を祈願する黄金色のお守りです。特に宝くじの高額当選に実績があるといいます。　初穂料 500 円

筑波山神社《つくばさんじんじゃ》　茨城県 ▶ 御朱印は P94

5. 足腰健康お守り

足腰の健康は身体健康のもと。とってもかわいいこの草履お守りを身につけていれば、筑波山登頂も軽くこなせそう。

寒川神社《さむかわじんじゃ》　神奈川県 ▶ 御朱印は P45

6. 八方除《はっぽうよけ》幸運を呼ぶ守

色は白・紫・赤・青・黄色の５種類。色により御利益が異なるため、自分の願いに通じる色のお守りを選びましょう。　初穂料 800 円

第4章

不思議でおもしろく、
知るほどに楽しい神様の世界

神社と神様の基礎知識

神様たちの素顔とは？ ～御利益の由来を知ろう～

私たちは、神社の御祭神にいろいろなお願い事をしますが、なぜその神様にその御利益があるのか、意外と知らないもの。ここでは神様の御霊験を正しく受け取ることができるよう、その素顔や由来をご紹介します。

造化三神《ぞうかのさんしん》

『古事記』では、宇宙のはじまりのとき、天と地が分かれて最初に生まれたのが天御中主神《あめのみなかぬしのかみ》・高御《たかみ》産巣日神《むすひのかみ》・神産巣日神《かみむすひのかみ》の三神とされています。「造化三神」とよばれるこれらの神々は、天御中主神が一柱で祀られるほか、数は少ないながら三柱すべてを祀る神社もあります。生命力を意味する「結び」の働きをする、重要な神々です。

伊邪那岐神《いざなきのかみ》・伊邪那美神《いざなみのかみ》

日本神話では、天地ができたときに現れた最初の夫婦神です。この神々から日本の国土そのものや、ほかの多くの神々が誕生しました。まさに日本の祖神と考えられ、縁結びや諸願成就の御利益が大きい神様なのです。

天照大御神《あまてらすおおみかみ》

伊邪那岐神が禊《みそぎ》をしたときに生まれた三貴子《みはしらのうずのみこ》のひとりで、皇室の祖神です。太陽神でありながら女神ですが、日本人の総氏神として崇敬されています。天照大御神を祀る伊勢神宮内宮《ないくう》では、個人的な願い事よりも、国や周囲の人々のことを祈念するといいそうです。

邇邇芸命《ににぎのみこと》

天照大御神の孫にあたり、高天原《たかまがはら》から地上へと、いわゆる「天孫《てんそん》降臨《こうりん》」を果たした神様です。木花《このはな》佐久夜比売《さくやひめ》を娶《めと》り、子の火遠理命《ほおりのみこと》と孫の鵜葺草葺不合命《うがやふきあえずのみこと》とともに「日向三代《ひゅうがさんだい》」ともよばれます。鵜葺草葺不合命の子が初代神武《じんむ》天皇です。

須佐之男命《すさのおのみこと》

天照大御神の弟神で、神々の住む高天原で乱暴を働いたため地上に追放され、根の国（地下世界）の支配者となりました。複雑な神格を持つ神様ですが、神話に登場する神々の中でも特に人気が高く、地上の支配者としての一面も持つと考えられています。御利益は厄除けや五穀豊穣、縁結びなど。

宗像三神《むなかたさんしん》

天照大御神と須佐之男命の誓約によって生まれ出た、多紀理姫命《たぎりひめのみこと》・市杵島姫命《いちきしまひめのみこと》・多岐都姫命《たきつひめのみこと》の三人の女神です。海の神として知られ、海上安全や交通安全、豊漁や商売繁盛の御利益があります。このうち市杵島姫命は、仏教の弁財天と同じ神様ともいわれています。

大国主神《おおくにぬしのかみ》

須佐之男命の子とも六世孫ともいわれる神様です。出雲《いずも》地方を舞台とした「出雲神話」の主人公で、「因幡の白ウサギ」で有名です。須佐之男命の導きによって地上の支配者になったあと、高天原の神々に「国譲り」を要求され、出雲大社に鎮まりました。御利益は縁結びや厄除け、商売繁盛など。

事代主神《ことしろぬしのかみ》

大国主神の子で、水の神、託宣《たくせん》の神です。「国譲り」では高天原の神々に国を譲ることに賛成し、自ら水の中に消えていったとされます。釣好きで、鯛を持った姿が知られ、大国主神とともに「大黒・えびす」として祀られることも多い神です。御利益は商売繁盛、豊漁など。

少名毘古那神《すくなびこなのかみ》

大国主神の国造りに協力した万能の神様。海からやってきて、海に帰っていった神様です。体は小人のように小さいのですが、医薬・農業・漁業・土木・酒造などあらゆる知識を持ち、厄除けを中心にこれらすべてに関する御利益があります。

宇迦之御魂神《うかのみたまのかみ》

須佐之男命の子のひとりで、穀物の神様です。稲荷神としても知られ、同じ食物神の伊勢神宮外宮の豊受大御神《とようけのおおみかみ》と同一視されることもあります。御利益は五穀豊穣、商売繁盛、芸能上達など。

迦具土神《かぐつちのかみ》

霊威の強い火の神で、誕生のとき母の伊邪那美神を大火傷させ、死に至らしめたほどです。御利益はなんといっても火難除けです。

建御雷之男神《たけみかづちのおのかみ》

「国譲り」の際、十拳剣を波に逆さまに突き立てて大国主神に迫り、みごと国譲りに成功しました。その霊威の強さから勝負の神とされ、航海安全や厄除けの御利益も。

経津主神《ふつぬしのかみ》

『日本書紀』では武神、剣の神として高天原の神々に推挙され、「国譲り」を成功に導きました。斎主神《いわいぬしのかみ》の別名も。御利益は勝負運、厄除け、家内安全などさまざま。

八幡大神《はちまんおおかみ》（応神天皇《おうじんてんのう》）

日本神話の系図には登場しない謎の神様です。第15代応神天皇の神霊とされ、皇室の深い崇敬を受けています。仏教ともいち早く習合し、「八幡大菩薩《はちまんだいぼさつ》」ともよばれました。源氏などの武家にも信仰されたため勝負や国家鎮護の神ですが、縁結びの御利益もあり。

熊野大神《くまののおおかみ》（家都御子神《けつみこのかみ》ほか）

熊野神とは和歌山県の熊野本宮大社・速玉《はやたま》大社・那智《なち》大社（熊野三山）の神々の総称であり、本宮大社の家都御子神《けつみこのかみ》（須佐之男命）の別名ともいわれています。熊野三山には12ないし13の神々が祀られ、あらゆる願い事に霊験があります。

大山津見神《おおやまづみのかみ》

日本の代表的な山の神で、海の神としても知られています。和多《わた》志大神《しおおかみ》、酒解神《さけとけのかみ》の名も。神話には、多くの神様の親神であることが記述されています。娘の一人は美しい木花佐久夜比売で、富士山の神、桜の神として有名です。姉の石長《いわなが》比売《ひめ》も醜いとされながら霊験の高い女神です。

木花佐久夜比売命《このはなさくやひめのみこと》

天孫・邇邇芸命の妻となった女神です。燃えさかる火の中で三人の子を産み、安産・子育ての神様となりました。もちろん恋愛や縁結びの神様でもあります。富士山の浅間大神《あさまのおおかみ》のこととされます。

菊理媛神《くくりひめのかみ》

黄泉《よみ》の国から逃げ出そうとする伊邪那岐神と、それを追う伊邪那美神との間に現れ、二神の仲介をした女神です。巫女の性質を持つ神と考えられ、縁結びや五穀豊穣など多くの御利益があります。

菅原道真公《すがわらのみちざねこう》

歴史上の人物でありながら、神様としてここまで知られるようになったのは、菅原道真公ただひとりです。学者・漢詩人でもあったことから学問の神様となりました。厄除けの御利益もあります。

倭建命《やまとたけるのみこと》

第12代景行《けいこう》天皇の御子ながら、伝説的要素の強い人物。戦いに明け暮れたその生涯は、勲《いさおし》と悲哀に満ちています。御祭神であると同時に多くの神社の創建にも関わっています。御利益は商売繁盛など。

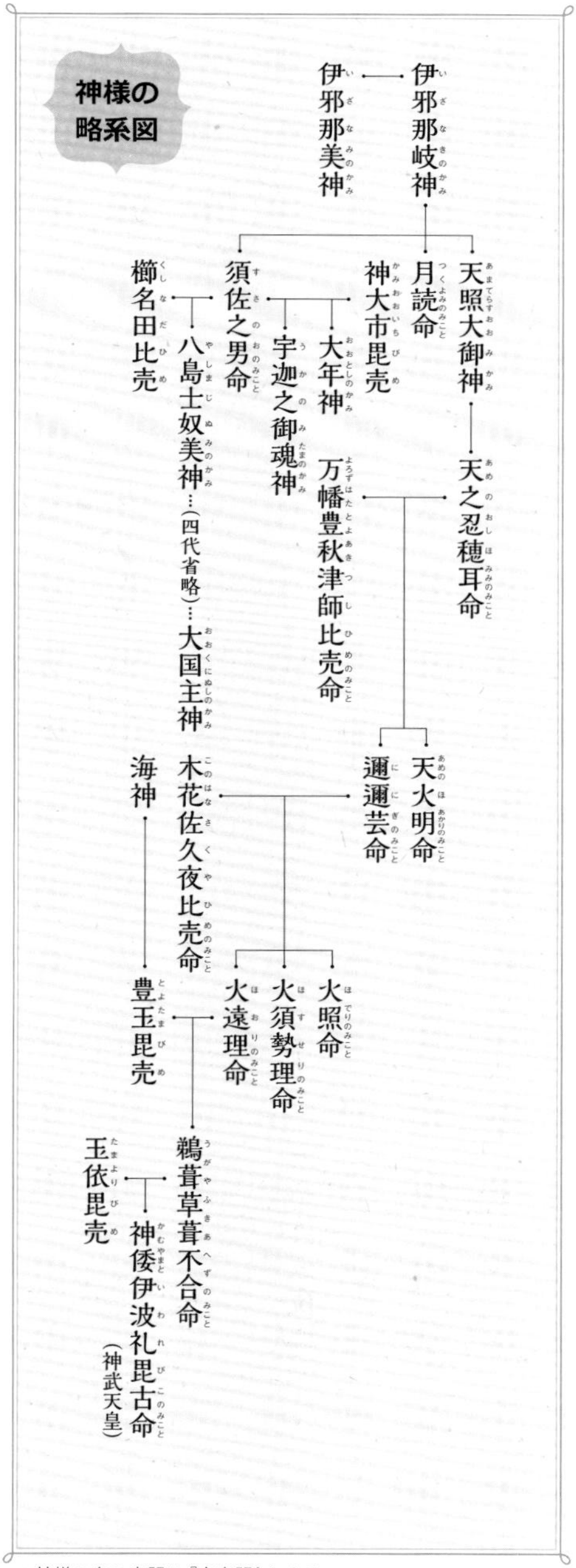

＊神様の名の表記は『古事記』による

天照大御神

神社には系統がある？～お稲荷様、八幡様、天神様～

日本には神社がたくさんあります。その数は11万社とも、それ以上ともいわれます。これら数多くの神社には祀られている御祭神によって系統があり、大まかに分類することができます。ここでは、そのいくつかをご紹介します。

稲荷神社《いなりじんじゃ》（宇迦之御魂神《うかのみたまのかみ》）

「お稲荷様」とよばれる身近な神様です。全国に3万社ほどあるといわれますが、神社の境内にある摂社や末社、屋敷神を含めると、総数は数えきれないのではないでしょうか。本宮は京都府の伏見《ふしみ》稲荷大社。関東では茨城県の笠間《かさま》稲荷神社などが有名です。

八幡神社《はちまんじんじゃ》（八幡大神《はちまんおおかみ》＝応神天皇《おうじんてんのう》）

お稲荷様と同じくらい数の多い神社です。総本社は大分県の宇佐《うさ》神宮《じんぐう》。関東では東京都杉並区の大《おお》宮《みや》八幡宮、江東区の富岡《とみおか》八幡宮、神奈川県の鶴岡《つるがおか》八幡宮（P74）が有名です。

神明社《しんめいじゃ》・天祖神社《てんそじんじゃ》（天照大御神《あまてらすおおみかみ》）

日本の総氏神とされる三重県の伊勢神宮を本宮とする神社です。関東では東京都港区の芝《しば》大神宮、千代田区の東京《とうきょう》大神宮、神奈川県の伊勢原《いせはら》大神宮などがあります。

天満宮《てんまんぐう》・天神社《てんじんしゃ》（菅原道真公《すがわらのみちざねこう》）

天満宮は福岡県の太宰府《だざいふ》天満宮を本宮としますが、天神社を名乗る場合は、もともと菅原道真ではない「天神」を祀る社だったことが多いようです。東京都江東区の亀戸《かめいど》天神社や文京区の湯島《ゆしま》天満宮など。

熊野神社《くまのじんじゃ》（熊野大神《くまのおおかみ》）

関東には和歌山県の熊野本宮大社を本宮とする熊野神社も多く、昔は「熊野権現」「熊野十二所権現」とよばれました。神奈川県の師岡《もろおか》熊野神社（P23）など。

香取神宮の拝殿

香取《かとり》神社《じんじゃ》（経津主神《ふつぬしのかみ》）

千葉県の香取神宮（P78）が総本社。関東地方に多く、春日大社《かすがたいしゃ》の神でもあることから、春日神社も同じ系統の神社です。

鹿島《かしま》神社《じんじゃ》（建御雷之男神《たけみかづちのおのかみ》）

茨城県の鹿島神宮（P82）から全国に勧請《かんじょう》され、特に関東・東北地方に多い神社です。これらの地域には「鹿島流し」という神送りの風習も残っています。

氷川《ひかわ》神社《じんじゃ》（須佐之男命《すさのおのみこと》）

旧武蔵国《むさしのくに》の埼玉県・東京都・神奈川県にしか、ほぼみられない神社です。本宮は埼玉県の武蔵一宮《いちのみや》氷川神社（P80）で、同じく埼玉の川越氷川神社（P33）や、東京都港区の赤坂《あかさか》氷川神社などもよく知られています。

大鳥《おおとり》神社《じんじゃ》（倭建命《やまとたけるのみこと》）

大阪府の大鳥大社を本宮とし、大鳥神社、大鷲（鷲）神社、鳥越神社などとして全国にみられます。11月の「酉《とり》の市《いち》」は関東特有の行事。

三島《みしま》神社《じんじゃ》（大山津見神《おおやまつみのかみ》）

本社とする大山祇《おおやまづみ》神社が愛媛県の大三島《おおみしま》に鎮座することから、ここから勧請された神社には三島神社という社名も多くあります。

日枝《ひえ》神社《じんじゃ》（大山咋神《おおやまくいのかみ》）

滋賀県の比叡山にある日吉大社が本宮です。東京都港区の日枝神社など。

諏訪《すわ》神社《じんじゃ》（建御名方神《たけみなかたのかみ》）

長野県の諏訪大社が本宮。埼玉県や東京都の北部に数多く鎮座しています。

勧請《かんじょう》とは？

稲荷神社や八幡神社など、同じ系統の神社には、同じ神様が祀られています。これは、神様の霊はいくつにも分けられ、移し祀ること（勧請）ができるからです。

神霊は、たとえていえばロウソクの火のようなもの。火はたとえいくつに分けたとしても、元の火が消えてなくなることはありません。神霊も同様で、霊験あらたかな神様ほど神社の数が多いのです。

＊神様の名の表記は『古事記』による

御神体は神様の依代《よりしろ》

お寺を参拝するときは、御本尊の仏像を拝みます。では、神社の本殿に祀られている神様は、どんなお姿をしているのでしょうか。

実は神様とは人の目には見えないもの。その姿を持たない神様が私たちの世界に現れるとき、依代という目に見える「物」が必要となります。この依代が「御神体」とよばれるもので、神社の本殿には神様そのものではなく、この「御神体」が祀られているのです。

かつては神祀りをするときに一時的な建物を建て、お祭りが終わると神様はそこを去ったとみなされ、建物も壊してしまったそうです。現在は常設の本殿がありますので、御神体を納め、神様は常にそこに御座《おわ》すと考えられています。

御神体として最も多いのは鏡で、ほかに剣や勾玉《まがたま》、石などもあります。鏡が多いのは、皇室の祖神である天照大神が、地上に降臨する瓊瓊杵尊に自らの依代として鏡を授けたという神話によるものと考えられます。俗説では、神様に頼るより鏡に映る自分自身に答えを聞けという意味がある、などと言われています。

このほかに自然のままの山、境内の御神木や「磐座《いわくら》」とよばれる巨岩が、御神体とされることもあります。山を御神体とする神社では、山は本殿の中にはとても入り切れませんので、拝殿から直接拝するという形をとっています。

境内の古木や岩を垣で囲み、注連縄《しめなわ》を掛けて丁重に祀るのも、その木や岩が神様の降臨された依代と考えられているためです。

御神体には謎めいたところもあり、一般の人はもちろんのこと、神職でも見てはいけないという禁忌がある場合も多いそうです。古い神社のなかには、御神体を無理やり見てしまった人に「祟り」があったというような話も伝わっています。

摂社《せっしゃ》・末社《まっしゃ》の神様もあなどれない

境内に、主祭神を祀る本殿と拝殿しかないという神社は少ないのではないでしょうか。ほとんどの神社では、参道の途中や本殿の脇や奥に、摂社や末社とよばれる小規模な社がいくつも鎮座しているのがみられます。

これら摂末社は、主祭神と関わりの深い神様を祀る社です。主祭神の祖神や后神《きさきがみ》、御子神《みこがみ》など、系譜上のつながりがあったり、神話に記されているような深い関係を持つ神様などが祀られています。なかでも最も重要視されるのが、主祭神の荒魂《あらみたま》を祀る社です。

神霊には荒魂・和魂《にぎたま》・幸魂《さきみたま》・奇《くし》魂《みたま》の四つの様相があるとされますが、荒魂はそのうちで最も新しく、荒々しい状態をいいます。そしてその様相の神霊は霊力が最も強く、その分、御利益も大きいと考えられるのです。

伊勢の神宮でも、内宮《ないくう》・外宮《げくう》ともに主祭神の荒魂を祀る社が御正宮と同じような扱いを受け、昔から御利益があると言い伝えられ、人気となっています。

また、八幡《はちまん》神社などに多い「若宮」とよばれる摂社や末社は主祭神の御子神を祀る社ですが、御子神は生まれたばかりの新しい神霊で、新しい＝荒々しいにつながり、霊力がとても強いと考えられています。奈良県・春日大社《かすがたいしゃ》のお祭りでも、夜を徹して行われる若宮のお祭りはとても荘厳で、盛大です。

さらに、境内の奥に鎮座することが多いのが、地主神《じぬしのかみ》とよばれる神様です。地主神とは、主祭神がその地に勧請《かんじょう》される以前からその土地を守り続けていた神様です。

神社はとても長い歴史を持っているため、古層の神様が御座《おわ》す聖地に、あとから多くの神様が合わせ祀られ、摂社や末社となっていったという経緯もあるようです。この地主神には、なぜか稲荷神社が多いのが不思議です。

延喜式内社《えんぎしきないしゃ》ってどんな意味？

神社の御由緒書きを読むと、よく「旧一《いち》の宮《みや》」「旧延喜式内社」「旧官幣大社《かんぺいたいしゃ》」などという言葉が書かれています。これらはそれぞれ、どういう意味なのでしょうか。

まず「一の宮」ですが、中世にはそれぞれの「国」（江戸時代までの行政区分）ごとに、最も崇敬の篤い神社を「一の宮」とする制度がありました。「一の宮」は、朝廷から派遣された国司が一番先に参拝に訪れる神社でした。これは地域によって「二の宮」や「三の宮」まであり、武蔵国《むさしのくに》に至っては、「六の宮」まで定められていたといいます。

今となってはどの神社が「一の宮」であったかはっきりしないこともあり、氏子たちの間で「一の宮論争」が起きたこともあったようです。

また、「延喜式内社」という言葉もよく耳にします。平安時代の延長《えんちょう》5年（927）、奈良時代に定められた『養老律令《ようろうりつりょう》』という法典の施行細則を記した『延喜式』が完成しました。そのうちの二巻に当時の有力神社の名が列記された「神名帳《じんみょうちょう》」、いわば神社の一覧表がありました。

この『延喜式神名帳』とよばれる一覧表に記載されていた神社のことを「延喜式内社」といいます（略して「式内社」とも）。この記載によって、平安時代初期にはすでに創建されていた神社であること、朝廷にも認められていた神社であることが明確になるため、神社の格式を知るうえではひとつの大切な指標かもしれません。

「官幣大社」「国幣《こくへい》大社」という区別は、戦前まであった神社の社格制度で、神祇官から奉幣を受ける神社を官幣社、地方官から受ける神社を国幣社とし、さらに「大・中・小」を定めたものです。

しかし、いずれにしてもこれらは昔のこと。現在ではどの神社にも格の違いなどはないと考えられています。

山岳信仰と修験道《しゅげんどう》

日本人ははるか昔から山を信仰の対象とし、「お山」を崇めてきました。人々は里に暮らしながら山から湧き出る水を使い、山から食物を得て生活を成り立たせていたため、山は生命の恵みそのものだったのです。

やがて山は亡くなった祖先の魂が帰っていく場所という観念も生まれ、神々が降臨し、住処《すみか》とする聖域とも考えられるようになったのです。田植えの季節に山から田の神が降りてきて、収穫が終わると帰っていくとされ、春や秋の祭りがさかんになったのも、そのような思想から生まれたものです。

このような山岳への信仰は世界中にありますが、日本ではやがて中国から伝えられた仏教、なかでも密教の影響を強く受け、山岳で厳しい修行をして神や仏を感得《かんとく》する修験道へと発展していきました。

密教には、常人にはできないような呪術を使うところに特徴があり、飛鳥《あすか》時代に活躍した修験道の開祖・役小角《えんのおづぬ》も、密教僧から呪術を伝授されて験力《げんりき》（呪力）を身につけたのではないかと考えられます。この修行をおこなう者が山伏《やまぶし》です。

このように修験道は神を信仰する山岳信仰と仏教が混交したもので、神も仏も同じ存在として信仰する神仏習合《しんぶつしゅうごう》の宗教でした。山にある神社の多くに寺院のお堂や梵鐘が残っているのもこのためです。

修験道は中世に興隆を極め、日本の象徴・富士山など、急峻《きゅうしゅん》な山や神奈備《かんなび》（神が住まう）といわれる山のほとんどが修験霊場となり、神は「権現《ごんげん》」などの名でよばれました。

ですが、明治時代になると神仏は分離するべきだという考えが強くなり、呪術的な側面も危険視された修験道は国によって禁止され、姿を消すことになりました。現在、山に住まう神々は、神話の系譜に名の見える親しみやすい神様たちへと姿を変えています。

大己貴命《おおなむちのみこと》ってどんな神様？

本書で紹介した神社の御祭神のなかでも、とても数が多かったのが大己貴命です。この神様はいったいどのような神様なのでしょうか。

実はこの神様は、出雲神話で知られる大国主神と同じ神様です。大国主神には大己貴命、大名持神《おおなもちのかみ》、大物主神《おおものぬしのかみ》、八千矛神《やちほこのかみ》、葦原色許男神《あしはらのしこおのかみ》など、いくつもの名前がありますが、大己貴命は大国主神が若かったころの名と考えられます。

『古事記』には、大己貴命は素戔嗚《すさのお》尊《みこと》から蛇やムカデのうごめく室屋に入れられる、野火に巻かれるなどの数々の試練を受け、それを乗り越えたあと、国を治める神となるよう「大国主神」の名を授かったことが記されています。

その期待に添い、日本の国造りを完成させた大己貴命は、国津神《くにつかみ》（地上の神々）を代表する神となります。大己貴命を祀る神社は全国に数えきれないほどあり、開拓の神として、山に鎮座する多くの神社でも御祭神となっています。富士山の山頂にも、女神・木花咲耶姫の影に隠れてはいますが、少彦名命とともに祀られています。この大己貴命への広範囲にわたる信仰は、各地の土着の神への信仰と習合《しゅうごう》された面もあるのでしょう。

また、大己貴命は山の神社のみならず、海に鎮座する神社の御祭神にもなっています。いつも一緒にいるパートナー神・少彦名命が海の向こうからやってきた神様であるという理由もありますが、大己貴命と少彦名命が表裏一体の存在であるように、山の神と海の神も本来はひとつの神格であると考えられるのかもしれません。

大国主神となった大己貴命は、のちに天津神《あまつかみ》（高天原の神々）に地上の国を譲り、出雲の出雲大社に鎮まりますが、今も幽世《かくりよ》で、この世を動かすすべての縁《えにし》を結ぶ働きをなさっている、偉大な神様なのです。

人か、神か。日本武尊《やまとたけるのみこと》伝説

日本武尊もまた多くの神社の創建に関わったり、御祭神として祀られています。日本武尊は神ではなく、天皇の皇子、つまり私たちと同じ人間ですが、『古事記』『日本書紀』に描かれるその生涯は、超人的な伝説に彩られています。

第12代景行《けいこう》天皇の皇子として生まれた日本武尊は、幼いころから猛々しいほどの力を持っていました。そのあまりの強さを見込まれ、長じてからは父の命令で西国のクマソタケルを平定したり、出雲のイズモタケルを倒したり、それが終わるやいなや東国の蝦夷《えみし》平定に向かうなど、大変な活躍をします。東国の神社の創建の多くは、この途次のことです。

といっても、このような西へ東へと戦いに明け暮れる日々は、日本武尊の本意ではなかったようです。素戔嗚尊が「荒神《こうじん》」とよばれたように、御子神＝若い神霊の霊力は荒々しいほど強いと考えられています。「夷《い》を以《もっ》て夷を征《せい》す」という言葉がありますが、日本武尊も夷敵とされた人々や神々と同じような荒ぶる「神人《かみ》」と見なされ、このような辛い役目を負わされたのではないでしょうか。

最後に日本武尊は伊吹山《いぶきやま》（滋賀・岐阜県境）の神と戦うために出かけますが、懐刀の草薙剣《くさなぎのつるぎ》を置いて出かけたため、その霊験《れいげん》が受けられず、命を落としてしまいます。死後、白鳥となって飛び立ったとされますが、神とも戦わされる状況や、神の使いとされる白鳥になったという伝説も、日本武尊が常人ではないことを示しています。

古い史書や伝説には、まるで神と人の中間のような存在が何人か登場しますが、日本武尊もまさにその一人だとすると、それらの話にも信憑性を感じてしまいます。

日本武尊は、こうして人間かられっきとした神に「昇格」し、今も多くの神社の御祭神として人々に崇敬され続けています。

五十音順さくいん

あ

息栖神社……茨城県神栖市……52
井草八幡宮……東京都杉並区……21・65
石濱神社……東京都台東区……16
一之宮貫前神社……群馬県富岡市……36・60
今戸神社……東京都台東区……28
磐井神社……東京都大田区……40
江島神社……神奈川県藤沢市……69
王子稲荷神社……東京都北区……55
大洗磯前神社……茨城県大洗町……104
大前神社……栃木県真岡市……38・61
大杉神社……茨城県稲敷市……84
意富比神社(船橋大神宮)……千葉県船橋市……50・62
太平山神社……栃木県栃木市……100
大甕神社……茨城県日立市……110
大神神社……栃木県栃木市……37
大山阿夫利神社……神奈川県伊勢原市……76
小野神社……東京都多摩市……42

か

鹿島神宮……茨城県鹿嶋市……82
葛飾八幡宮……千葉県市川市……26・64
香取神宮……千葉県香取市……78
金鑚神社……埼玉県神川町……92
亀有香取神社……東京都葛飾区……19・66
烏森神社……東京都港区……53
川越八幡宮……埼玉県川越市……32・63・66
川越氷川神社……埼玉県川越市……33・62・66
神田神社……東京都千代田区……14
検見川神社……千葉県千葉市……47・60
駒木諏訪神社……千葉県流山市……49・59
駒込妙義神社……東京都豊島区……17・112
小動神社……神奈川県鎌倉市……70
御霊神社……神奈川県鎌倉市……72

さ

酒列磯前神社……茨城県ひたちなか市……106
前鳥神社……神奈川県平塚市……24・58・64
櫻木神社……千葉県野田市……30・60
寒川神社……神奈川県伊勢原市……45・58・61・112

素盞雄神社……東京都荒川区……39・66
諏方神社……東京都荒川区……18
銭洗弁財天宇賀福神社……神奈川県鎌倉市……73

た

大宝八幡宮……茨城県下妻市……57・65・112
高城神社……埼玉県熊谷市……34・66
橘樹神社……千葉県茂原市……108
秩父神社……埼玉県秩父市……27・65
鎮守氷川神社……埼玉県川口市……51・63
筑波山神社……茨城県つくば市……94・112
妻戀神社……東京都文京区……29・66
鶴岡八幡宮……神奈川県鎌倉市……74

な

日光二荒山神社……栃木県日光市……86
新田神社……東京都大田区……20・112
二宮神社……東京都あきる野市……22
二宮赤城神社……群馬県前橋市……98
沼袋氷川神社……東京都中野区……41

は

花園神社……東京都新宿区……54
氷川女體神社……埼玉県さいたま市……31
一言主神社……茨城県常総市……35・62
比々多神社……神奈川県伊勢原市……25・58
平塚八幡宮……神奈川県平塚市……46・58
寳登山神社……埼玉県長瀞町……88

ま

麻賀多神社……千葉県成田市……48
三峯神社……埼玉県秩父市……90
妙義神社……群馬県富岡市……96
武蔵阿蘇神社……東京都羽村市……43
武蔵一宮 氷川神社……埼玉県さいたま市……80
武蔵御嶽神社……東京都青梅市……44・59
森戸大明神（森戸神社）……神奈川県葉山町……102
師岡熊野神社……神奈川県横浜市……23・112

や・わ

湯島天満宮……東京都文京区……15
鷲宮神社……埼玉県久喜市……56

本書の取材・執筆にあたり、ご協力いただきました神社および関係各位に篤く御礼申し上げます。

- 構成・編集　阿部一恵（阿部編集事務所）
- 取材・執筆・撮影　久能木紀子／新井鏡子／荒井浩幸／森 明信
- 写真協力　大山阿夫利神社／鹿島神宮／素盞雄神社／花園神社／武蔵一宮氷川神社／鎌倉市観光協会
- 表紙・本文デザイン／イラスト　岩城奈々
- 地図製作　株式会社千秋社

神様《かみさま》と縁結《えんむす》び 東京《とうきょう》&関東《かんとう》 開運神社《かいうんじんじゃ》の御朱印《ごしゅいん》ブック

2018年1月1日　初版第1刷発行

著　者　久能木紀子
発行者　岩野裕一
発行所　株式会社実業之日本社
〒153-0044　東京都目黒区大橋1-5-1　クロスエアタワー 8階
☎（編集）03-6809-0452　☎（販売）03-6809-0495
ホームページ　http://www.j-n.co.jp/
印刷・製本　大日本印刷株式会社

ISBN978-4-408-00905-6（第一BG）